Persönlichkeitsdiagnostik: Entdecke die Potenziale mit der AECdisc® Analyse

Dirk Thiemann · Rainer Skazel

Persönlichkeits- diagnostik: Entdecke die Potenziale mit der AECdisc® Analyse

Persönlichkeit, Verhalten und Motivationsfaktoren als Schlüssel zum beruflichen Erfolg

Dirk Thiemann
GmbH & Co KG
Deutsches Institut für Vertriebskompetenz
Allensbach, Baden-Württemberg
Deutschland

Rainer Skazel
GmbH & Co KG
Deutsches Institut für Vertriebskompetenz
Allensbach, Baden-Württemberg
Deutschland

ISBN 978-3-658-43259-1   ISBN 978-3-658-43260-7   (eBook)
https://doi.org/10.1007/978-3-658-43260-7

Die Deutsche Nationalbibliothek verzeichnet diese Publikation in der Deutschen Nationalbibliografie;
detaillierte bibliografische Daten sind im Internet über http://dnb.d-nb.de abrufbar.

Planung/Lektorat: Imke Sander
Springer Gabler ist ein Imprint der eingetragenen Gesellschaft Springer Fachmedien Wiesbaden GmbH
und ist ein Teil von Springer Nature.
Die Anschrift der Gesellschaft ist: Abraham-Lincoln-Str. 46, 65189 Wiesbaden, Germany

Das Papier dieses Produkts ist recyclebar.

Vorwort

Auf der Suche nach den (verlorenen und) brachliegenden Potenzialen
Wir beobachten in Deutschlands Unternehmen oftmals eine Verschwendung und Vergeudung von Potenzialen. Das hat meistens damit zu tun, dass viele Menschen gar nicht wissen, über welche Potenziale sie verfügen. Und auch von Unternehmensseite wird viel zu wenig getan, sich ein objektives Bild zu den Potenzialen der Menschen zu verschaffen. Das aber wäre mithilfe einer Potenzialanalyse relativ leicht möglich. Die Ergebnisse der Potenzialanalyse bilden die Grundlage für eine profunde Einschätzung der Potenziale und vor allem für fundierte Aussagen dazu, wie jeder Mensch seine Potenziale entfalten, einsetzen und entwickeln kann. In Zeiten des Fachkräftemangels und des demografischen Wandels können wir es uns nicht leisten, Potenziale ungenutzt brachliegen zu lassen. Es kommt auf die Potenziale jedes einzelnen Menschen an, wenn wir unsere Zukunft lebenswert und unsere berufliche Zukunft erfolgreich gestalten wollen und wettbewerbsfähig bleiben möchten.

Darum richten wir uns mit diesem Buch an Geschäftsführer, Personalleiter, Recruiter, Personalentwickler, Führungskräfte und jeden, der seine Potenziale erkennen, nutzen und ausbauen will und dies auch für die Menschen leisten will, für die er Verantwortung trägt. Dass dies ge-

lingen kann, zeigen auch die Statements einiger Menschen, die die Potenzialanalysen in ihrem jeweiligen Bereich erfolgreich einsetzen und in
kurzen Interviews darüber berichten.

Wir stellen einen Weg dar, wie Sie Ihre eigenen Potenziale und die
Ihrer Mitarbeitenden freisetzen und zum Aufblühen bringen. Unsere
Bitte: Bei Fragen nehmen Sie direkt Kontakt mit uns auf, am besten
schreiben Sie an info@div-institut.de. Das gilt auch für Anregungen
und Hinweise zum Thema, treten Sie in den Austausch mit uns. Lassen
Sie uns gemeinsam die in diesem Buch dargestellten Impulse auf Ihre
Rahmenbedingungen und Ihre authentische Situation abstimmen.

Gestatten Sie noch einen Hinweis, bevor es losgeht: Aus Gründen der
besseren Lesbarkeit verzichten wir weitgehend auf die gleichzeitige Verwendung der Sprachformen weiblich, männlich und divers. Selbstverständlich gelten alle Personenbezeichnungen für alle Geschlechter.

Herzliche Grüße
Ihr
Dirk Thiemann
Rainer Skazel

Inhaltsverzeichnis

Über die Autoren

Dirk Thiemann Der Unternehmensberater und Personalentwickler **Dirk Thiemann** (rechts) ist mit seinem Partner Rainer Skazel Gründer und geschäftsführender Gesellschafter des Deutschen Instituts für Vertriebskompetenz. Der renommierte Wissenschaftsverlag Springer Gabler zählt sie zu Deutschlands führenden Experten für Persönlichkeits- und Vertriebsdiagnostik. Dirk Thiemann ist exklusiver Lizenzträger für die AECdisc® Potenzialanalyse in Deutschland, Österreich und Schweiz und die Compro+® Kompetenzanalyse in Deutschland und Österreich.

Dirk Thiemann ist mehrfacher Gewinner des Europäischen Trainingspreis. Der Europäische Trainingspreis gilt als Oscar für die Anbieter
von Trainings und Seminaren und ist der älteste und renommiertester
Preis der Weiterbildungsbranche. 2020 wurde er für den Human Resources Excellence Award nominiert und zählte zu den Top-3-Gewin-
nern. Außerdem publiziert er regelmäßig Fachartikel und ist mehrfacher
Sachbuchautor.
Kontakt: www.dirk-thiemann.de

Rainer Skazel Der Unternehmensberater und Top-Management-
Coach *Rainer Skazel* (links) ist kreativer Vordenker und Experte für
Persönlichkeitsdiagnostik, Recruiting, Führung und Vertriebsmanage-
ment. Gemeinsam mit Dirk Thiemann ist er Gründer und geschäftsfüh-
render Gesellschafter des Deutschen Instituts für Vertriebskompetenz
und Lizenzträger für die AECdisc® Potenzialanalyse und die Compro+®
Kompetenzanalyse. Der Unternehmer, Berater und Sachbuchautor ist
Dozent an der deutschen Maklerakademie, zertifizierter Unternehmens-
berater beim Bundesverband der Versicherungskaufleute (BVK), Ba-
chelor of Professional Marketing (CCI) und Member of GSA (German
Speakers Association). Mit seinem Wissen zu dem Thema „Mensch und
Persönlichkeit" und seiner Umsetzungsorientierung erzielt er in seinen
Seminaren, Trainings und Kundenprojekten einen sehr hohen Erfolgs-
und Wirkungsgrad. Als Seminarleiter, Coach und Speaker hat er mehr
als 20.000 Menschen erreicht.
Kontakt: www.rainer-skazel.de

Rainer Skazel und Dirk Thiemann entwickelten das Vertriebsaudit
360°, die Personalstrategieanalyse und die Messung der Verkaufskompetenz. Als exklusive Lizenzträger der AECdisc® Potenzialanalyse und
der Compro+® Kompetenzprofile haben sie für die Persönlichkeitsdiagnostik und Personalrekrutierung eine einmalige Toolbox entwickelt.
Sie sind Gewinner des Europäischen Trainingspreises, für ihre erfolg-
reichen Beratungsprojekte wurden sie für die Human Resources Excellence Awards nominiert. Ihre bewährte Beratungsstrategie basiert auf
der Verknüpfung der strategischen Ausrichtung des Unternehmens mit
den maßgeblichen Erfolgsfaktoren von Mitarbeitenden und Führungs-

kräften. Ihre jahrelange praktische Managementerfahrung, ihr Erfahrungsschatz als Trainer und Berater sowie ihr Know-how als erfolgreiche Unternehmer machen sie für ihre Zuhörer und Leser zu Inspiratoren.

Das Deutsche Institut für Vertriebskompetenz wird von den Kunden besonders dafür geschätzt, dass mit Unterstützung der DIV-Experten nachweisbare und außergewöhnlich gute Erfolge erzielt werden. Mit der Ausbildung zur/zum Vertriebsfachfrau/-mann im Außendienst bietet das Institut die erste Vertriebsausbildung mit Universitätszertifikat an.

Kontakt:
DIV Deutsches Institut für Vertriebskompetenz GmbH & Co. KG
Von-Steinbeis-Str. 16, 78476 Allensbach am Bodensee
Tel.: 07533/99290-20
info@div-institut.de
www.div-institut.de

1

Einleitung

Die Bedeutung der Potenzialentdeckung und -entwicklung für Unternehmen und Menschen

Zusammenfassung

Deutschland goes Potenzialanalyse! Es ist für alle Beteiligten zielführend, wenn Führungskräfte und Mitarbeitende in den Unternehmen mithilfe einer Potenzialanalyse feststellen, über welche Fähigkeiten, Kompetenzen und Talente ein Mensch verfügt.

1.1 Warum wir unsere Potenziale kennen sollten

In Deutschlands Unternehmen werden Potenziale häufig nicht nur verschleudert, sondern oft genug sogar vernichtet. Das liegt nach unserer Beobachtung vor allem daran, dass viel zu wenig darüber bekannt ist, über welche Potenziale Menschen – seien es nun Führungskräfte oder Mitarbeitende – überhaupt verfügen. Infolgedessen fristet die Potenzialentdeckung in den Unternehmen ein unrühmliches Stiefmütterchen-Dasein. Das ist fatal, denn mit einer Potenzialanalyse lässt sich eruieren, über welche der verschiedenen Kompetenzarten (zum Beispiel personale

D. Thiemann und R. Skazel, *Persönlichkeitsdiagnostik: Entdecke die Potenziale mit der AECdisc® Analyse,* https://doi.org/10.1007/978-3-658-43260-7_1

Kompetenzen, soziale Kompetenzen, Handlungskompetenzen) ein Mensch verfügt und an welchen Stellschrauben gedreht werden muss, um Kompetenzen auf- und auszubauen.

> Ohne eine dezidierte Potenzialanalyse ist ein gezieltes Kompetenzmanagement nicht möglich.

Viel zu selten wird überprüft, welche Potenziale, Fähigkeiten, Talente und Kompetenzen notwendig sind, damit zum Beispiel ein Mitarbeitender eine Position im Unternehmen optimal ausfüllen kann, um in der Folge abzugleichen, welche dieser Kompetenzen denn tatsächlich vorhanden sind. Das Problem: Nur bei konsequenter Kompetenzorientierung sind passgenaue Aussagen darüber möglich, ob dieser Mitarbeitende auf dem richtigen Arbeitsplatz sitzt und seine Aufgaben bestmöglich erfüllen und gute Arbeitsergebnisse liefern kann.

So kommt es zu der unbefriedigenden Situation, dass es häufig keine Passung gibt zwischen Arbeitsplatz und Mitarbeitendem, zwischen Anforderungs- und Qualifikationsprofil. Diese Situation führt zu Verwerfungen an mehreren Fronten:

- Führungskräfte und Mitarbeitende fühlen sich nicht wohl am Arbeitsplatz, weil sie oft unbewusst spüren, eigentlich viel mehr leisten zu können. Sie haben das Gefühl, ihr Motor laufe nur mit halber Kraft, ihr Energiespeicher werde nicht vollständig genutzt.
- Unternehmer, Geschäftsführer und Entscheider sind unzufrieden mit den Führungskräften und Mitarbeitenden: „Warum nur bringen die nicht die Leistungen, die wir mit Fug und Recht erwarten dürfen?"
- Dies wirkt sich auf die Kundenzufriedenheit aus, weil die Potenzialverschwendung zur Konsequenz hat, dass Führungskräfte und Mitarbeitende nur durchschnittliche oder gar unterdurchschnittliche Arbeitsergebnisse erbringen und nicht in der Lage sind, einen optimalen Beitrag zur Kundenzufriedenheit und zur Erreichung der Unternehmensziele zu leisten. Und ist der Sinn und Zweck eines Unternehmens: den Kundennutzen zu maximieren und damit die Kundenzufriedenheit zu erhöhen.

Das bedeutet:

> Notwendig ist ein Paradigmenwechsel im Bereich der Potenzialanalyse und Potenzialentwicklung. Wir möchten Sie dafür gewinnen, bereit und willens dafür zu sein, Ihre eigenen Potenziale mithilfe einer fundierten Potenzialanalyse zu entdecken und freizusetzen und auf der Grundlage gesicherter Analyseergebnisse zu entscheiden, welche ungenutzten Potenziale entwickelt werden sollen. Und wir möchten Sie dafür gewinnen, dies auch den Menschen zu ermöglichen, für die Sie als Unternehmer, Geschäftsführer, Personalentwickler, Recruiter und Führungskraft Verantwortung tragen.

1.2 Der Weg zur Potenzialentdeckung und Potenzialentwicklung

Unser Buch stützt sich auf die Erkenntnisse der Persönlichkeitsdiagnostik und beschreibt einen umsetzungsorientierten Weg, wie sich eine Potenzialanalyse anwenden lässt und wie es Menschen gelingt, ihre Potenziale aufzuspüren und zu optimieren. Im Fokus steht dabei exemplarisch die AECdisc® Potenzialanalyse. Warum dies so ist, werden wir noch begründen. Mit ihr können sowohl Menschen als auch Unternehmen nachweislich Stärken, Talente, Fähigkeiten und Motivationsfaktoren aufspüren. So ist es den Menschen zum einen möglich, ihre Potenziale vollumfänglich entdecken und nutzen zu können. Und zum anderen gelingt es Unternehmen mithilfe der Potenzialanalyse, ihre Arbeitsplätze mit genau den Menschen zu besetzen, die dafür geeignet sind.

Schon längst werden diese Möglichkeiten nicht nur von Wirtschaftsunternehmen genutzt, sondern auch von Institutionen, Organisationen und Behörden. Ausgangspunkt ist stets eine Einschätzung und Analyse des Potenzials und eine Kompetenzanalyse. Nehmen wir als Beispiel eine Krankenkasse, die langfristig wachsen und darum in den nächsten Monaten ihre Akquisitionsbemühungen deutlich erhöhen will. Die Mitarbeitenden benötigen Akquisitionskompetenzen in einem bestimmten Ausprägungsgrad – darum ist es hilfreich, wenn die Entscheider mithilfe einer Potenzialanalyse feststellen, in welchem

Umfang Akquisitionskompetenzen vorhanden sind, um auf dieser gesicherten Grundlage zum einen brachliegende Potenziale auszuschöpfen und zum anderen mit Schulungen und Weiterbildungsprogrammen diejenigen Kompetenzen auf- und auszubauen, die erforderlich sind, um die akquisitorische Herausforderung zu meistern. Das heißt: Die Geschäftsleitung legt fest, welche Mitarbeitenden in welchem Ausmaß und Umfang welche akquisitorischen Kompetenzen auf- und ausbauen sollen, damit sich das Zukunftsbild von einer immer mitgliederstärkeren Krankenkasse realisieren lässt.

Diese auf die Entwicklung von Potenzialen ausgerichtete Strategie bietet auch den Mitarbeitenden erhebliche Vorteile, denn sie können nun an ihrem Arbeitsplatz genau die Potenziale und Kompetenzen freisetzen und einsetzen, über die sie verfügen. Das erhöht den Zufriedenheitsfaktor. Die Mitarbeitenden fühlen sich wohl an ihren Arbeitsplätzen, wenn Anforderungs- und Qualifikationsprofile zu weiten Teilen zueinander passen. Potenzialfokussierung hat großen Nutzen für Arbeitgeber *und* Arbeitnehmer. Pointiert lässt sich sagen:

> Deutschland goes Potenzialanalyse!

Auch behördliche Institutionen wie die Polizei entdecken die Vorteile der Potenzialorientierung: So gibt es Pilotprojekte, um die Auswahl von Nachwuchsführungskräften bei der Polizei zu optimieren. Unter der Überschrift „Reform: Pilotprojekt für Nachwuchsführungskräfte bei der Polizei" meldete zum Beispiel RTL.de am 5. Oktober 2022: „Neben einer besseren Fehlerkultur bei der Polizei soll auch die Ausbildung der Führungskräfte bei den Ordnungshütern optimiert werden. Das sind Kernforderungen der unabhängigen Expertenkommission zur Reform der hessischen Polizei.

Hessen startet im Herbst ein Pilotprojekt, um die Auswahl von Nachwuchsführungskräften bei der Polizei zu optimieren. (…). Das Pilotprojekt ist Teil des Maßnahmenpakets, das auf Empfehlung der Expertenkommission zur Reform der hessischen Polizei vom Land umgesetzt wird. Die hessische Polizei befasst sich weiter intensiv mit allen Maßnahmen, die eine neue Fehler- und Führungskultur etablieren (…).

In dem Verfahren sollen die Nachwuchsführungskräfte mit einer computerbasierten Einschätzung ihres Potenzials sowie einer Kompetenzanalyse starten. In einem zweiten Schritt folge ein persönliches Gespräch mit einer Führungskraft des zuständigen Polizeipräsidiums, die bewusst nicht der unmittelbar Vorgesetzte ist. Daran werde sich ein Feedback der unmittelbaren Vorgesetzten und der Kollegenschaft anschließen."

Des Weiteren stellen wir fest, dass die Zahl der Unternehmen in Deutschland, die im Rahmen der Personalauswahl begleitend auf eignungsdiagnostische Verfahren setzen, im Gegensatz zu anderen europäischen Ländern eher gering ist, sodass die Bewerber in Deutschland seltener die Chance haben, sich mit ihren Potenzialen zu beschäftigen. Aber in einer lernenden Gesellschaft, einer Lifelong Learning Society, ist es richtig und klug, sich kontinuierlich um die Potenzialentwicklung zu kümmern, und zwar zum Nutzen der Menschen und der Unternehmen. Darum werden wir ab dem Kapitel, in dem es um das natürliche und angepasste Verhalten eines Menschen geht (Kap. 5), eine Person auf eine Potenzialentdeckungs-Abenteuerreise schicken, auf der sie entdecken soll und entdecken wird, was wirklich in ihr steckt.

Nachdem wir die Bedeutung der Entdeckung und Entwicklung der Potenziale für den unternehmerischen Erfolg hervorgehoben und uns mit dem Sinn und der Notwendigkeit von Persönlichkeitstests und der Persönlichkeitsdiagnostik beschäftigt haben, stellen wir Ihnen mit der AECdisc® Potenzialanalyse eines der renommiertesten Instrumente der Persönlichkeitsdiagnostik vor, um eine fiktive Person auf die bereists erwähnte Abenteuerreise zu schicken, auf der ihre wichtigsten Fragen der Persönlichkeitsdiagnostik beantwortet werden.

- „Was sind meine bevorzugten Verhaltensweisen und über welche Stärken verfüge ich? Wer bin ich?"
- „Welche meiner Stärken und Talente kann und will ich für das Unternehmen einsetzen und nutzen?"
- „Welchen Kommunikationsstil habe ich, welchen Stil sollte ich nutzen, um erfolgreich zu sein?"
- „Was hat es mit meinem Komplementärtyp auf sich?"

- „Selbstbild versus Fremdbild: Wie nehme ich mich wahr und wie werde ich von anderen wahrgenommen?"
- „Wie kann ich mich kontinuierlich weiterentwickeln und wachsen?"
- „Motivatoren und Antreiber: Was treibt mich wirklich an?"
- „Das perfekte Match: Wie kann ich beruflich noch erfolgreicher sein?"

Sind Sie bereit? Dann lassen Sie uns starten.

Handlungsempfehlungen

- Empfehlung 1: Deutschlands Unternehmen sollten ab sofort die Vorteile der Potenzialanalyse nutzen.
- Empfehlung 2: Es sollte zum Standard gehören, dass jede Führungskraft und jeder Mitarbeitende dezidiert Aufschluss über die vorhandenen und die brachliegenden – und mithin entwickelbaren – Potenziale erhält.

2

Die Erfolgsfaktoren für den unternehmerischen Erfolg

> **Darum geht es in diesem Kapitel**
>
> Der Erfolg eines Unternehmens ist letztendlich abhängig von den handelnden Personen (Führungskräfte und Mitarbeitende), die für ein Unternehmen tätig sind. Darum spielen die Potenziale, die Persönlichkeit und die Kompetenzen dieser handelnden Personen die Hauptrolle bei der Frage, ob und wie sich die Unternehmensziele erreichen und realisieren lassen. Und auch die weiteren Erfolgsfaktoren haben vor allem mit den Menschen zu tun, die sich für ein Unternehmen engagieren.

2.1 Der Mensch im Mittelpunkt

Die wichtigsten Faktoren des unternehmerischen Erfolgs sind die Unternehmensstrategie, die Organisation des Unternehmens, die Führung und die Mitarbeitenden (vgl. Abb. 2.1). Hinter diesen Erfolgsfaktoren stehen stets Menschen, die dafür sorgen, den größtmöglichen Unternehmenserfolg zu erzielen, der sich primär in zufriedenen, ja begeisterten Kunden ausdrückt.

© Der/die Autor(en), exklusiv lizenziert an Springer Fachmedien Wiesbaden GmbH, ein Teil von Springer Nature 2024
D. Thiemann und R. Skazel, *Persönlichkeitsdiagnostik: Entdecke die Potenziale mit der AECdisc® Analyse*, https://doi.org/10.1007/978-3-658-43260-7_2

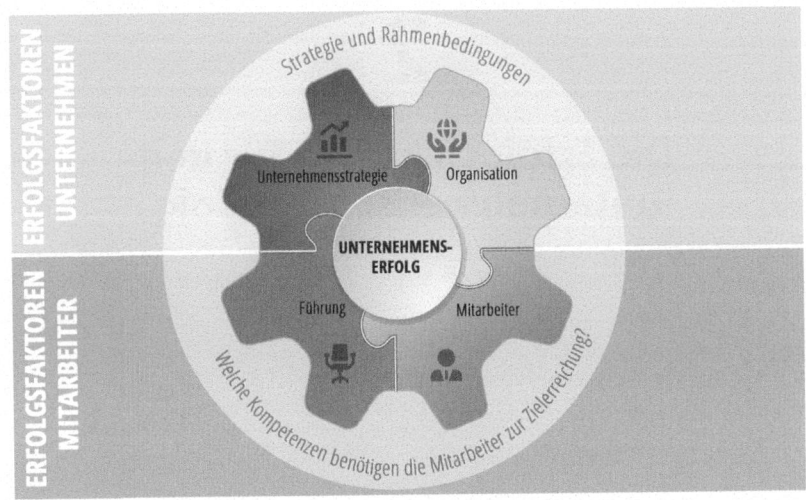

Abb. 2.1 Die vier Erfolgsfaktoren des Unternehmenserfolgs

Bei der Führung, also den Führungskräften, und den Mitarbeitenden liegt der menschenzentrierte Aspekt auf der Hand. Qualifizierte Führungskräfte sehen ihre größte und wichtigste Verantwortung darin, weniger Konferenzen und Meetings zu organisieren und durchzuführen, sondern vor allem Menschen zu führen und dort zu unterstützen, wo dies notwendig ist. Topführungskräfte gehen mitarbeiterorientiert vor, versetzen sich in die jeweilige Vorstellungswelt der Mitarbeitenden und achten darauf, dass diese einen substanziellen Beitrag zur Erreichung der Unternehmensziele leisten. Eine ebenso wichtige Rolle spielen kompetente und engagierte Mitarbeitende, die sich mit ihrem Arbeitgeber identifizieren und die besten Voraussetzungen mitbringen, auf der fachlichen und motivatorischen Ebene ihre Aufgaben optimal zu erledigen. Sowohl aufseiten der Führungskräfte als auch der Mitarbeitenden sollte der harmonische Dreiklang von Wissen, Können und Wollen gegeben sein.

Wie jedoch sieht es bei den anderen Erfolgsfaktoren aus? Auch bei der Unternehmensstrategie sind es kompetente Menschen, die eine tragfähige Strategie ausarbeiten und in die Umsetzung bringen. Es sind die strategisch klug denkenden und handelnden Personen, die tragfähige Antworten auf die entscheidenden Fragen geben:

- „Arbeiten wir in Geschäftsfeldern, in denen wir den Kunden nutzen-orientierte Problemlösungen anzubieten haben?"
- „Wie schaut unser Unternehmen in x (fünf oder zehn) Jahren aus?"
- „Welche zukünftigen Veränderungen müssen wir berücksichtigen, um unsere unternehmerische Zukunft erfolgreich zu gestalten?"

Bleiben die organisatorischen Rahmenbedingungen? Auch sie lassen sich nur mithilfe engagierter Menschen mit Leben füllen, die diese Umfeldbedingungen derart gestalten, dass der Unternehmenszweck erreicht werden kann. Somit gelangen wir zu einer Aussage, die fast schon eine Binsenweisheit ist:

> Der entscheidende Erfolgsfaktor unternehmerischen Handelns ist der Mensch, sind die Menschen, die sich mit dem Unternehmen und ihrer Arbeit identifizieren und für den Arbeitgeber einsetzen können und wollen. Darum ist es eine notwendige Bedingung für den Unternehmenserfolg und die Erreichung der Unternehmensziele, die Potenziale, die in den Menschen stecken, zu entdecken und zu nutzen.

2.1.1 Die neue Macht der Mitarbeitenden

Auch weitere elementare Erfolgsfaktoren stehen mit den Menschen in einem Kontext, etwa das Employer Branding, die Mitarbeitergewinnung, die Mitarbeiterbindung und der erfolgreiche Teamaufbau. Unternehmen, die sich zur Arbeitgebermarke entwickeln können – also Employer Branding betreiben – und sowohl von den bereits gewonnenen als auch den potenziellen neuen Mitarbeitenden als attraktive Arbeitgeber wahrgenommen werden, gehört in Zeiten des Fachkräftemangels und des demografischen Wandels die Zukunft. Der War for Talents wird mit immer härteren Bandagen geführt, es wird immer schwieriger, qualifizierte, kompetente und engagierte Menschen zu finden, weil sich die Mitarbeitenden in der Regel zwischen mehreren lukrativen Angeboten das beste heraussuchen können. Allerorten ist die Rede von der neuen Macht der Mitarbeitenden (Geffroy & Geffroy, 2017). Unternehmen, die nicht nur fragen, was die Mitarbeitenden für das Unternehmen tun können, sondern die Fragestellung umdrehen – „Was können wir für die Mitarbeitenden tun?" –, punkten im War for Talents.

> Wer den Mitarbeitenden systematisch, zielgerichtet, verlässlich und glaubwürdig die Chance bietet, ihre Potenziale zu entdecken und am Arbeitsplatz zu nutzen und zu entwickeln, gewinnt an Reputation und wird als attraktive Arbeitgebermarke wahrgenommen – gerade in den Augen der jungen leistungsbereiten Topperformer, die sich wünschen, dass am Arbeitsplatz ihre spezifischen Motivatoren, Interessen, Talente und Fähigkeiten Beachtung finden.

Der Arbeitsmarkt hat sich von einem Arbeitgebermarkt zu einem Arbeitnehmermarkt entwickelt. Der demografische Wandel schlägt mit voller Wucht zu, seit die Babyboomer in Rente gehen und es nicht genügend Nachwuchs gibt. Und natürlich tragen Managementfehler der Vergangenheit und der zuweilen damit einhergehende Personalabbau in manchen Bereichen dazu bei, dass für Bewerber die Auswahlmöglichkeiten im Einstellungsprozedere zugenommen haben. Hinzu kommen Veränderungen in der Erwartungshaltung gerade jüngerer Menschen: Für diese hat die Arbeit nicht immer dieselbe (oberste) Priorität wie für ältere Mitarbeitende. Für viele jüngere Arbeitnehmer gewinnen Dinge wie die Work-Life-Balance und die Work-Life-Integration an Bedeutung.

Das hat Konsequenzen: Wir leben in Zeiten, in denen Kandidaten im Bewerbungsgespräch mit Personalverantwortlichen voller Selbstbewusstsein äußern: „Erklären Sie mir doch bitte, warum Ihr Unternehmen für mich zukünftig der richtige Arbeitgeber ist" – und eine fundierte Antwort erwarten.

Angesichts dieser Ausgangssituation kämpfen die Unternehmen mit allen Mitteln darum, die Topleute zu halten und langfristig zu binden sowie neue Mitarbeitende durch attraktive Arbeitsplätze und Maßnahmen des Employer Branding davon zu überzeugen, es sei richtig, gerade bei ihnen einzusteigen. Das beginnt mit der Anwerbung von Fachkräften aus dem Ausland und aus Konkurrenzfirmen, reicht über die Qualifizierung der eigenen Leute durch zielorientierte Weiterbildungen und hört bei der Förderung der Vereinbarkeit von Familie und Beruf durch flexible Arbeitszeiten noch lange nicht auf. Entscheidend ist:

> Wer dabei eine potenzialorientierte Förderung der Mitarbeitenden betreibt, verfügt über ein weiteres wertvolles Gold Nugget im Überzeugungskörbchen, um begeisterte und kreative Mitarbeitende zu gewinnen und an sich zu binden!

2.1.2 Die Ohnmacht der Mitarbeitenden

Nun kommt das große „Aber": Die Wirklichkeit spricht eine andere Sprache, denn Maßnahmen, gute Mitarbeitende zu gewinnen und zu halten, werden offensichtlich viel zu selten ergriffen. Wenn es für die Menschen tatsächlich möglich wäre, ihre Potenziale am Arbeitsplatz allesamt zu aktivieren und einzubringen, dürfte es nicht diese zahlreichen Probleme und Missstände geben, die im Sekundentakt in den verschiedensten Umfragen und Studien thematisiert werden. Wir erinnern zum Beispiel an die erschreckenden Ergebnisse, die Jahr für Jahr durch das Meinungsforschungsinstitut Gallup (Gallup Institut, 2023) erhoben werden. Demnach sieht es mit dem Engagement der Mitarbeitenden in Deutschlands Unternehmen mehr als düster aus. Viele stehen vor der inneren Kündigung, leisten Dienst nach Vorschrift und fühlen keine emotionale Bindung an ihr Unternehmen. Seit über 20 Jahren führt das Institut jährlich eine statistisch repräsentative Analyse zum Engagement von Mitarbeitenden an ihrem Arbeitsplatz durch – und seit mehr als 20 Jahren zeigt sich ein fast unverändertes Bild. Ein Großteil der Beschäftigten empfindet keine echte Verpflichtung der Arbeit gegenüber – und flüchtet in eine freizeitorientierte Schonhaltung und verlagert das Engagement ins Privatleben.

Ein Grund dafür liegt darin, dass diese Beschäftigten Positionen einnehmen und Aufgaben verrichten müssen, die ihnen nicht liegen und in denen sie ihre Kompetenzen und Potenziale nicht entfalten können. Ihre Potenziale und Stärken bleiben unerkannt und liegen brach, Mensch und Arbeitsplatz passen nicht zueinander, Qualifikationsprofil und Anforderungsprofil stimmen nicht überein, es gibt kein Match zwischen Position und Mensch, Arbeitsplätze und Mitarbeitende sind nicht kompatibel. Und das hat fatale Konsequenzen: Unternehmen, die den Mitarbeitenden Gelegenheit geben, ihre Potenziale und Stärken zu erkennen und auszuleben, arbeiten meistens erfolgreicher als Unternehmen, bei denen dies nicht der Fall ist. Kein Wunder:

> Wer seine Potenziale und Stärken am Arbeitsplatz vollumfänglich nutzen kann, leistet einen weitaus höheren Beitrag zur Erreichung der Unternehmensziele als Menschen, deren Potenziale und Stärken weitgehend unerkannt bleiben – und damit ungenutzt bleiben.

Hinzu kommt: Mitarbeitende, die das tun können, was sie am besten können und gern tun, sind meistens zufriedener. Ein hoher Zufriedenheitsfaktor führt zu mehr Engagement, und weil engagiertere Mitarbeitende bessere Arbeitsergebnisse erzielen und maßgeblich zu besseren Unternehmensresultaten und auch -gewinnen beitragen, entsteht durch Mitarbeitende, die ihre Potenziale nutzen können, ein kontinuierlicher Optimierungskreislauf. Ein hoher Zufriedenheitsgrad am Arbeitsplatz zahlt sich für Unternehmen daher oft in barer Münze aus, weil zufriedene Mitarbeitende produktiver sind als unzufriedene. Darum sollten es Unternehmen als ihre zentrale Aufgabe betrachten, die Potenziale der Menschen zu analysieren und auszuschöpfen. Es liegt in ihrem Interesse, aufseiten ihrer Mitarbeitenden möglichst allen Potenzialen auf die Spur zu kommen.

Noch einmal zurück zu den Missständen, die entstehen, weil viele Menschen ihre Potenziale am Arbeitsplatz nicht aktivieren und einbringen können: Eine weitere fatale Folge belegen die Zahlen, die von den Krankenkassen veröffentlicht werden: Die Stressstudie „Entspann dich, Deutschland!" der Techniker Krankenkasse aus dem Jahr 2021 zeigt: Ein Viertel der Deutschen ist häufig gestresst, wobei erwerbstätige Menschen in der Regel gestresster sind als nicht erwerbstätige Menschen und der Grund immer häufiger im psychischen Bereich liegt. Als Top-Stressoren im Job nennen die Studienverfasser zu viel Arbeit, Termindruck und Hetze, Unterbrechungen und Störungen, Informationsüberflutung und schlechte Arbeitsplatzbedingungen.

Laut Studie entsteht Stress sehr oft im Job bei und durch die Arbeit, etwa dann, wenn die Belastungen bei der Arbeit über lange Zeit die Ressourcen überschreiten, also bei Überforderung. Wer über die Gründe für Überforderung nachdenkt, landet rasch bei dem Flow-Begriff. Nach Mihály Csíkszentmihályi (2022) können Menschen am besten dann mit Leidenschaft und Souveränität arbeiten, wenn ihre Potenziale und Fähigkeiten zu den Anforderungen und Herausforderungen des Jobs passen. „Flow" ist ein Zustand, bei dem wir die Zeit und alles um uns herum vergessen. Beispiele sind ein ganz in sein Spiel vertieftes Kind oder ein vollkommen auf sein Werk fokussierter Künstler. Beide befinden sich in einem Zustand, in dem sie Außergewöhnliches leisten, weil sie etwas tun dürfen und können, was wahrhaftig zu ihnen passt. Es kommt weder zur Über- noch zur Unterforderung. Der größte „Feind" des Flow-Zustandes ist die Potenzialvergeudung, die entsteht, wenn Menschen weder ihre Potenziale kennen noch diese bei dem, was sie an ihrem Arbeitsplatz tun, aktivieren dürfen und können. Potenzialvergeudung senkt das Zufriedenheitslevel deutlich und mindert die Leistungsfähigkeit und die Produktivität der Mitarbeitenden erheblich. Die in vielen Unternehmen wirkende „Potenzialvernichtungsmaschinerie" (Brockmann & von Schröder, 2017, S. 11) kann sich niemand mehr leisten! Aber es gibt eine Lösung, und die heißt:

> Potenzialanalyse und potenzialfokussierte Personal- und Unternehmens-entwicklung!

2.2 Potenzialentwicklung und Persönlichkeitsdiagnostik gehören zusammen

Die Potenziale eines Menschen stehen in einem direkten Zusammenhang mit seiner Persönlichkeit. Wer seine Potenziale entdecken, entfalten, nutzen und entwickeln möchte, muss sich mit seiner Persönlichkeit beschäftigen, mit seinen Verhaltensmustern, Motivatoren und Kompetenzen. Denn wer sich nicht selbst kennt, kann seine Potenziale nicht ausschöpfen. Dazu ein Beispiel aus unserer Beratungspraxis:

> **Beispiel**
>
> *In einem Auswahlverfahren für die Stelle eines Mitglieds der Geschäftsleitung hatten die zwei Bewerber die Aufgabe, ein Kritikgespräch mit einem Mitarbeitenden zu führen, der seine Ziele nicht erreicht hat. Nennen wir sie hier Martin Müller und Petra Schmid.*
>
> *Der Bewerber Martin Müller war von seiner Persönlichkeit her eher dominant, Petra Schmid hingegen der eher unterstützende Typ. Dementsprechend unterschiedlich gingen die zwei Kandidaten an die Aufgabe heran. Martin Müller führte mit dem betroffenen Mitarbeitenden ein sehr autoritäres und direktives Gespräch. Petra Schmid verfolgte eine andere Strategie. Sie wollte den Mitarbeitenden einen Tag begleiten, abends mit ihm zum Essen gehen und dann gemeinsam mit ihm über das Problem sprechen.*
>
> *Können Sie anhand dieses Beispiels sagen, wer für den Posten der Geschäftsleitung besser geeignet war?*

In einem Auswahlverfahren für die Stelle eines Mitglieds der Geschäftsleitung hatten die zwei Bewerber die Aufgabe, ein Kritikgespräch mit einem Mitarbeitenden zu führen, der seine Ziele nicht erreicht hat. Nennen wir sie hier Martin Müller und Petra Schmid.

Der Bewerber Martin Müller war von seiner Persönlichkeit her eher dominant, Petra Schmid hingegen der eher unterstützende Typ. Dementsprechend unterschiedlich gingen die zwei Kandidaten an die Aufgabe heran. Martin Müller führte mit dem betroffenen Mitarbeitenden ein sehr autoritäres und direktives Gespräch. Petra Schmid verfolgte eine andere Strategie. Sie wollte den Mitarbeitenden einen Tag begleiten, abends mit ihm zum Essen gehen und dann gemeinsam mit ihm über das Problem sprechen.

Können Sie anhand dieses Beispiels sagen, wer für den Posten der Geschäftsleitung besser geeignet war?

Unsere vielleicht überraschende Antwort lautet: Keiner von beiden! Denn beide haben intuitiv nach ihren eigenen Verhaltensmustern gehandelt. Das passiert übrigens so gut wie allen Führungskräften, die nicht reflektiert sind, also nicht über die Reflexionskompetenz verfügen, die eigene Persönlichkeit einzuschätzen, oder nicht bereit sind, diese Einschätzung mithilfe eines persönlichkeitsdiagnostischen Verfahrens vorzunehmen. Führungskräfte hingegen, die sich mithilfe eines Tools zur Persönlichkeitsdiagnostik einschätzen, sind sich ihrer Wirkung auf die Mitarbeitenden meistens vollauf bewusst. Und darum sind sie fähig, ihre Führungsstrategie auf den einzelnen Mitarbeitenden abzustimmen und eine optimale Beziehungsebene zu schaffen. Wenn sie darüber hinaus in der Lage sind, die Persönlichkeit des Mitarbeitenden professionell einzuschätzen, gelingt diese Abstimmung noch besser.

Angenommen, es handelt sich in dem Beispiel oben um einen eher in sich gekehrten schüchternen und „leisen" Zeitgenossen, würde dieser durch die dominante, autoritäre und auftrumpfende Vorgehensweise eines Martin Müller verschreckt und ins Bockshorn gejagt. Das Vorgehen dieses Kandidaten um die vakante Stelle in der Geschäftsleitung wäre im höchsten Maße kontraproduktiv – er könnte seine wahrscheinlich vorhandenen Potenziale als Führungskraft niemals auch nur annähernd ausschöpfen, denn ein mitarbeitertypbezogenes Agieren wäre so kaum möglich. Übrigens: Petra Schmid würde bei einem dominanten Mitarbeitenden mit ihrer unterstützenden Art einen ähnlichen Reinfall erleben wie Martin Müller. Sie sehen:

> Potenzialentfaltung und Potenzialentwicklung stehen in Abhängigkeit zur Persönlichkeitsdiagnostik und von der Kompetenz, sich selbst – und dann auch andere Menschen – adäquat einzuschätzen.

Die Fähigkeit zur Selbsterkenntnis setzt eine gewisse Objektivität der Selbstbeobachtung und des Selbstbildes voraus, also die angemessene Beurteilung der individuellen Eigenschaften, Dispositionen, Stärken und Werte. Die Selbsterkenntnis erweist sich als eine grundlegende menschliche Fähigkeit. Sie bildet die Grundlage, andere Menschen verstehen zu können, und ist eine wichtige Voraussetzung für den beruflichen Erfolg – aber auch, um im außerberuflichen Bereich konstruktive zwischenmenschliche Beziehungen aufzubauen. Eine Folge einer zu geringen Selbsterkenntnis besteht häufig in der Selbstüberschätzung oder der Selbstunterschätzung.

Ohne die Erkenntnis, wie ein Mensch tickt, ohne eine fundierte Einschätzung der eigenen Persönlichkeit, des Wesenskerns und des Charakters lassen sich die Potenziale, über die ein Mensch verfügt, nicht entdecken und entwickeln. Umgekehrt gilt: Jede Potenzialanalyse lässt

Rückschlüsse auf die Persönlichkeit zu, weil dabei stets das Verhalten, die Motive und Interessen und die Kompetenzen eines Menschen unter die Analyselupe gelegt werden.

2.2.1 Von der Einzigartigkeit der Persönlichkeit

Der Begriff „Persönlichkeit" hat die Individualität des Menschen zum Gegenstand und lässt den Schluss zu, hinsichtlich welcher psychischen Eigenschaften sich Menschen von anderen unterscheiden – und damit einzigartig sind. Es werden zahlreiche Persönlichkeitseigenschaften differenziert. Die Persönlichkeit eines Menschen ergibt sich aus dem Zusammenwirken von angeborenen Dispositionen, Umwelt und Sozialisierungseinflüssen und individuellen Erfahrungen. Mit einer bestimmten Persönlichkeit geht meistens ein spezifischer und individueller Kommunikationsstil einher, der unsere Außenwirkung bestimmt und die Art und Weise, wie wir von anderen Menschen wahrgenommen werden, prägt. Diesen Kommunikationsstil zu optimieren, weitere Stile zu erlernen und sie an andere Menschen anpassen zu können, verbessert unsere Beziehungen zu ihnen und stellt einen wichtigen Erfolgsfaktor im Bereich Persönlichkeit dar. Dies setzt voraus, dass Persönlichkeit etwas ist, was sich entwickeln und in gewissen Grenzen auch anpassen oder verändern und beeinflussen lässt. Damit betreten wir ein weites Feld, denn dazu gibt es durchaus unterschiedliche Meinungen, die jeweils wissenschaftlich legitimiert sind.

2.2.2 Persönlichkeitsentwicklung ist möglich

Ist das Ich eine Einbahnstraße und letztendlich entwicklungsunfähig? Oder ist es möglich, sich ständig und kontinuierlich durch konsequente Arbeit an der eigenen Persönlichkeit weiterzuentwickeln? Diesen Grundsatzstreit (siehe Roth, 2021) können und wollen wir hier nicht entscheiden. Allerdings wollen wir unsere positiven Erfahrungen mit Menschen ins Feld führen, die nahelegen, dass zumindest Verhaltensveränderungen durchaus im Bereich des Möglichen liegen.

Menschen, die sich mithilfe von persönlichkeitsdiagnostischen Verfahren ein klareres Bild hinsichtlich ihrer Persönlichkeitseigenschaften und -merkmale verschaffen und mit einer Potenzialanalyse Hinweise auf brachliegende Potenziale erhalten, kann es gelingen, sich auf dieser Faktenbasis zu ändern und zu verändern.

Selbst der eher skeptische Neurowissenschaftler und Hirnforscher Gerhard Roth, der einst das Ich als „Einbahnstraße" bezeichnete (Lakotta & Thimm, 2007, S. 124), konzediert, die Veränderung und Weiterentwicklung der Persönlichkeit sei zumindest gegeben. Sein Argument erscheint uns nachvollziehbar: Die Persönlichkeit lässt sich in einem gewissen Ausmaß verändern und entwickeln, sofern an den Verhaltensweisen angesetzt wird. Roth betont, eine Persönlichkeit sei „über Nacht nicht veränderbar (…), weil die Entwicklung der Persönlichkeit des Menschen (…) bereits in jungen Jahren in ihren Grundzügen weitgehend festgelegt" sei. Veränderungen in der Persönlichkeitsstruktur jedoch seien möglich, indem nicht an der Grundstruktur der Persönlichkeit angesetzt werde, sondern eben „am Verhalten" (Bußmann, 2019, S. 58). Er beklagt dabei: „Es geht darum, einzusehen, dass eine bestimmte Person mit einer bestimmten Persönlichkeit eine ganz bestimmte Weise der Intervention braucht. Dass das oft nicht hinreichend passiert, ist eines der größten Mankos der Personalentwicklung: Der Mensch wird zu wenig in seiner individuellen Persönlichkeit abgeholt." (Ebd.)

Eben aus diesem Grund plädieren wir für den Einsatz geeigneter persönlichkeitsdiagnostischer Instrumente und einer Potenzialanalyse, mit denen es gelingt, sich der Einzigartigkeit und Individualität eines Menschen anzunähern und auf dieser Grundlage Persönlichkeitsentwicklung zu betreiben. Der Hirnforscher legt Wert darauf, bei der Diagnostik den Fokus auf die Motive zu richten, um so herausfinden zu können, was einen Menschen extrinsisch und intrinsisch antreibt: „Rationale Appelle zur Veränderung, und sind sie noch so gut begründet, haben in aller Regel keinen Einfluss. Die Bildung des Willens zur Veränderung ist kein kognitiver, verstandesmäßiger, sondern zu 100 % ein motivationaler Prozess. (…) Wenn wir bei einer Person eine Veränderung erreichen wollen, müssen wir erreichen, dass sie sich verändern will. Und das erreichen wir eben nicht dadurch, dass wir ihr objektiv die Vorteile der Veränderung aufzeigen, sondern dadurch, dass wir ihr subjektive Gründe gemäß ihrer Motive liefern, beziehungsweise sie dabei unterstützen, diese selbst zu finden." (Bußmann, 2019, S. 60/62).

Und genau das ist durch die Verfahren, die wir noch ausführlicher vorstellen werden, möglich. Doch zuvor wollen wir uns im nächsten Kapitel mit den Vorbehalten beschäftigen, die der Persönlichkeitsdiagnostik oft entgegenschlagen, insbesondere in Deutschland.

Handlungsempfehlungen

- Empfehlung 1: Betrachten Sie den Menschen (Führungskräfte und Mitarbeitende) als den bedeutendsten Erfolgsfaktor im Unternehmen.
- Empfehlung 2: Eröffnen Sie den Menschen alle Möglichkeiten, Erkenntnisse zu ihren Potenzialen und ihrer Persönlichkeit zu gewinnen.
- Empfehlung 3: Verzahnen Sie Potenzialentwicklung und Persönlichkeitsdiagnostik miteinander, denn das eine ist ohne das andere nicht möglich.

Literatur

Brockmann, D., & von Schröder, A. (2017). *Potenzialorientiert führen*. Haufe.

Bußmann, N. (2019). Wie veränderbar ist der Mensch? Neurowissenschaftler Gerhard Roth im Interview. In: managerSeminare, Heft 251, Februar 2019, S. 56–63.

Csíkszentmihályi, M. (2022). *Flow. Das Geheimnis des Glücks* (9. Aufl.). Klett-Cotta.

Gallup Institut. (2023). Pressemeldungen zum Engagement Index. Die Veröffentlichungen zum Engagement Index sind abrufbar unter: http://www.gallup.de/183104/engagement-index-deutschland.aspx. Zugegriffen: 08. März 2023.

Geffroy, E., & Geffroy, B. (2017). *Die neue Macht der Mitarbeiter. Wie man Mitarbeiter gewinnt, begeistert und hält*. Gabal.

Lakotta, B., & Thimm, K. (2007). „Das Ich ist eine Einbahnstraße". Hirnforscher Gerhard Roth im Interview. In: Der Spiegel, 35/2007, S. 124–127.

Roth, G. (2021). *Warum es so schwierig ist, sich und andere zu verändern. Persönlichkeit, Entscheidung und Verhalten* (4. Aufl.). Klett-Cotta.

Techniker Krankenkasse. (2021). *Stressstudie „Entspann dich, Deutschland!".* Techniker Krankenkasse.

3

Kritische Betrachtung: Der Sinn und die Notwendigkeit von Persönlichkeitstests und Persönlichkeitsdiagnostik

Darum geht es in diesem Kapitel

Persönlichkeitstests und persönlichkeitsdiagnostische Verfahren werden in der Personalentwicklung, speziell bei der Rekrutierung neuer Mitarbeitender, viel zu selten eingesetzt. Sie erfahren, warum das so ist. Zudem zeigen wir, dass und warum es notwendig ist, von dieser Vernachlässigung abzurücken und Tests und Eignungsdiagnostik zu nutzen, um die Passung zwischen Persönlichkeit und Position, zwischen Mitarbeitenden und Arbeitsplätzen sicherzustellen.

3.1 Kultur der Potenzialanalysen und der Persönlichkeitsdiagnostik etablieren

Während wir diese Zeilen schreiben, wird die Frage diskutiert, inwiefern auch oder gerade introvertierte und „leise Menschen" in Meetings und Konferenzen, in Diskussionen und Problemlösungsprozessen wertvolle Beiträge leisten können – wenn sie sich denn nur äußern und gehört würden. Spätestens seit die Kommunikationsexpertin und Buchautorin Sylvia Löhken – vor allem in ihrem Buch „Leise Menschen – starke

D. Thiemann und R. Skazel, *Persönlichkeitsdiagnostik: Entdecke die Potenziale mit der AECdisc® Analyse*, https://doi.org/10.1007/978-3-658-43260-7_3

Wirkung" (Löhken, 2015) – darauf hingewiesen hat, welche verborgenen Talente und Potenziale aufseiten der „leisen Menschen" ungenutzt brachliegen, sind Führungskräfte dafür sensibilisiert, die Fähigkeiten, Ideen und Denkanstöße dieser Mitarbeitenden zum Beispiel durch aktive Abfrage zu nutzen. Denn introvertierte Mitarbeitenden denken erst intensiv nach, bevor sie sich äußern, sie wollen etwa eine Fragestellung erst durchdringen, bevor sie Stellung nehmen. Das macht ihre Beiträge oft so wertvoll. Leider jedoch wurden sie in der Vergangenheit von ihren lauten und extravertierten Kolleginnen und Kollegen übertrumpft – mit der tragischen Folge, dass ihre substanziell wertvollen Beiträge verloren gingen oder oft erst gar nicht kommuniziert wurden.

Seitdem sich die Aufmerksamkeit auf die Potenziale der leisen Mitarbeitenden richtet, erhalten diese Menschen nützliche Ratschläge von allen Seiten, wie es ihnen gelingen kann, ihre Introvertiertheit zu überwinden und den Mut zu finden, ihre Veranlagung auch zu ihrem eigenen Nutzen einzusetzen. Tests helfen ihnen bei der Analyse, ob sie tatsächlich zu den introvertierten Zeitgenossen gehören oder nicht. Zudem erhalten sie Hinweise, über welche Eigenschaften sie verfügen, die sie in der Wahrnehmung der Führungskräfte zu interessanten Gesprächspartnern machen. Des Weiteren gibt es zahlreiche Impulse, wie sie sich zu mehr extravertierten Mitarbeitenden entwickeln können. Eine 180-Grad-Veränderung ist natürlich nicht möglich (und auch nicht angestrebt); weil aber die meisten Menschen zu den Mischtypen zählen und sowohl introvertierte als auch extravertierte Anteile in sich tragen, gibt es meistens Optionen, den Grad der Extravertiertheit etwas zu erhöhen.

Vielleicht fragen Sie sich, warum wir so ausführlich auf den Unterschied zwischen den leisen und den lauten, den zurückhaltenden und den kontaktfreudigen Zeitgenossen eingehen. Nun, ganz einfach: Zum einen ist dies ein anschauliches Beispiel für die Wichtigkeit der Erkenntnis, zu welchem Persönlichkeitstypus jemand gehört. Introvertierte Mitarbeitende wollen und müssen anders geführt, motiviert und begleitet werden als extravertierte. Und es ist auch für sie selbst nützlich und zielführend zu wissen, ob sie eher zu der einen Gruppe zählen oder zu der anderen. Und jetzt stellen Sie sich bitte vor, wir hätten in unseren

Unternehmen eine ausgeprägte Kultur der Potenzialanalysen und der Persönlichkeitsdiagnostik!

> Eine Kultur, in der es als selbstverständlich angesehen wird, Tools der Persönlichkeitsdiagnostik einzusetzen, Persönlichkeitstests zu absolvieren und Potenzialanalysen durchzuführen, um Menschen besser einschätzen zu können und sie im Unternehmen auf dem für sie angemessenen Arbeitsplatz einzusetzen sowie brachliegende Potenziale zu heben!

Wie viele leise Menschen gäbe es, die frühzeitig ihre vermeintliche Schwäche als Stärke erkannt oder sich bemüht hätten, sich in die Richtung eines doch etwas kommunikationsfreudigeren Mitarbeitenden zu entwickeln! Die so an Selbstbewusstsein und Selbstsicherheit gewonnen und sich mutig getraut hätten, ihre Ansichten zu äußern und ihre Vorschläge einzubringen – immer noch leise, aber doch bestimmt und überzeugend. Und wie viele innovative Impulse, kreative Ideen, anregende Denkanstöße und wegweisende Problemlösungen sind den Unternehmen und den Führungskräften verloren gegangen, weil sie nicht erkennen konnten, welche Schätze in den Intros verborgen waren? Die Potenzialvergeudung und Potenzialverschwendung wären weitaus geringer ausgefallen und hätte sich zu einem Großteil vermeiden lassen.

Leider hat es jene Kultur der Potenzialanalysen und der Persönlichkeitsdiagnostik in Deutschlands Unternehmen lange Zeit nicht oder nur in einer schwachen Ausprägung gegeben. Erst seit einigen Jahren bildet sie sich langsam, aber sicher aus. Allerdings: Deutschland ist in diesem Bereich im Vergleich zu europäischen Nationen wie beispielsweise Großbritannien, Spanien, der Schweiz und Frankreich immer noch ein Entwicklungsland. Nach Analysen des Deutschen Instituts für Vertriebskompetenz (DIV) gehört es immer noch zum Alltag in deutschen Unternehmen, sich viel zu selten Gedanken darüber zu machen, welche Kompetenzen für einen Job gebraucht werden, welche Motive einen Menschen idealerweise antreiben sollten, der einen bestimmten Beruf ausübt, und welches Verhalten erforderlich ist, um eine Topperformance am Arbeitsplatz hinzulegen. Das hat zur Konsequenz, dass allzu oft Führungskräfte und Mitarbeitende wegen ihrer Qualifikationen und Fähigkeiten eingestellt, dann aber relativ rasch aufgrund ihrer

Persönlichkeit entlassen werden – oder von sich aus gehen, weil sie bereits während der Probezeit erkennen, es passt einfach nicht. Denn im Einstellungsprozess werden zwar die Qualifikationen und Fertigkeiten analysiert, die Haltungen, Einstellungen und entscheidenden Verhaltensmuster jedoch nicht. Wie es um die Persönlichkeitseigenschaften, Motive, Wertvorstellungen und Überzeugungen steht, kommt zu kurz.

Eine den Recruitingprozess unterstützende Potenzialanalyse mit persönlichkeitsdiagnostischem Hintergrund könnte Abhilfe schaffen – in anderen Ländern ist dies erkannt worden: Nach DIV-Erkenntnissen arbeiten zum Beispiel sowohl in Großbritannien als auch in Spanien knapp zwei Drittel der Unternehmen mit Persönlichkeitstests. In Deutschland hingegen nutzt gegenwärtig nur knapp die Hälfte der Unternehmen eignungsdiagnostische Instrumente, und nur ein Unternehmen von zehn nutzt die Eignungsdiagnostik als wesentliche Entscheidungsgrundlage.

Woran liegt das? Wieso halten sich Deutschlands Unternehmen in dieser Hinsicht vornehm zurück, während wir doch in vielerlei Hinsicht dazu tendieren, geradezu zertifizierungsbesessen zu agieren und zu allem und jedem ein nachprüfbares Testergebnis anzufordern?

3.2 Warum es die Persönlichkeitsdiagnostik in Deutschland oft so schwer hat

Ein Grund liegt gewiss in den im vorhergehenden Kapitel angesprochenen Vorbehalten gegenüber der grundsätzlichen Veränderbarkeit der Persönlichkeit. Skeptiker fragen: „Was nutzen Persönlichkeitstests und persönlichkeitsdiagnostische Verfahren, wenn die Ergebnisse nicht in konkreten Maßnahmen einmünden können, weil sich die Persönlichkeit eines Individuums ja sowieso nicht verändern lässt?" Dem ist entgegenzuhalten, dass in der Forschung immer öfter die Ansicht vertreten wird, das menschliche Gehirn sei durchaus lernfähig. Bei Roland Ballier und Susanne Wendel heißt es: „Die neuesten Erkenntnisse der Neurobiologie zeigen, dass das Gehirn zeitlebens programmierbar und veränderbar ist und lebenslanges Lernen nicht nur möglich, sondern auch wichtig ist." (Ballier & Wendel, 2010, S. 9) Die meisten Persönlichkeitstheorien gehen davon aus, dass der Mensch verschiedene Phasen der Persönlichkeitsentwicklung durchläuft. „Es werden wie bei einem riesengroßen Lego-Baukasten viele verschiedene Steinchen bereitgestellt, die in unendlichen Kombinationen zusammengebaut werden können. Was ein Mensch daraus macht, wie er die Steinchen verwendet und zusammenbaut, kann sehr unterschiedlich sein, es hängt von der Erziehung ab, dem Umfeld, den persönlichen Beziehungen und Erfahrungen und eben den eigenen Entscheidungen." (Ballier & Wendel, 2010, S. 17).

Für unseren Zusammenhang heißt das:

> Persönlichkeitstests und persönlichkeitsdiagnostische Verfahren sind sinnvoll, denn sie bilden die sichere und fundierte Grundlage für die Entwicklung und Veränderung der Persönlichkeit.

3.2.1 Zweifel an der Testqualität

Ein weiterer Grund für die weit verbreitete Skepsis gegenüber Persönlichkeitstests liegt in der Qualität vieler Verfahren. Neben renommierten und anerkannten Tests gibt es Methodiken und Typologien, die wissenschaftlich kaum haltbar sind, weil sie die Kategorien der Objektivität, der Zuverlässigkeit, der Validität und der Reliabilität nicht oder nur zum Teil erfüllen. In dem Artikel „Was taugen Tests? Persönlichkeit erkennen" wirft Corinna Moser einen kritischen Blick auf die Testlandschaft und zitiert den Diplompsychologen Oliver Mühlhaus: „‚Wissenschaftler haben eben einen wissenschaftlichen Anspruch, Praktiker einen pragmatischen.' (…) Seinen eigenen Erkenntnisprozess im Umgang mit den Instrumenten der Personaldiagnostik vergleicht Mühlhaus mit dem eines Schulmediziners, der später auch Homöopathie einsetzt: „Früher, als reiner Wissenschaftler hätte ich gesagt: ‚Wenn es keinen Nachweis gibt, lasse ich die Finger davon. Heute sage ich: Wenn es seinen Zweck erfüllt, warum nicht?'" (Moser, 2011, S. 73).

Dem deutlichen Fingerzeig auf den pragmatischen Zweck der (meisten) Tests schließen wir uns an und betonen zugleich, wie wichtig es ist, die Ergebnisse eines Persönlichkeitstests nicht zum alleinigen Maßstab zu erheben. Von zentraler Bedeutung ist der Hinweis, die so gewonnenen Erkenntnisse als Ausgangspunkt für ein persönliches Gespräch zum Beispiel mit einem Bewerber oder einem Mitarbeitenden zu nehmen und die Testergebnisse im Dialog mit dem betroffenen Menschen zu verifizieren. Erst dann zeigt sich, ob es wirklich passt, etwa zwischen Persönlichkeit und Position, zwischen Mensch und Aufgabe. Eines ist dabei klar: Bei Beurteilungen, die allein auf der Basis etwa eines Persönlichkeitstests oder einer Typologie erfolgen, droht das Risiko der Vereinfachung und unzulässigen Verallgemeinerung. Dann liegt das Schubladendenken nicht fern. Denn natürlich ist es schwierig, die komplexe Vielfalt aller möglichen Verhaltensweisen mithilfe eines einzelnen Tests zu erfassen. Die Testergebnisse sollten daher stets der Startschuss für eine tiefergehende Kommunikation etwa mit einem Probanden sein. Darum gilt: Persönlichkeitstests und Persönlichkeitsdiagnostik sind sinnvolle und unterstützende Hilfsinstrumente bei der Einschätzung eines Menschen. Sie zeigen jedoch nicht die Landschaft „Mensch", sondern stellen vor allem eine Landkarte dar, mithin ein abstrahierendes Bild der Wirklichkeit.

Um es an einem Beispiel zu konkretisieren: Stellen Sie niemals eine Bewerberin oder einen Bewerber allein auf der Grundlage eines Persönlichkeitstests ein. Vertiefen Sie die Testergebnisse und die eignungsdiagnostische Analyse der Verhaltensweisen, Motivatoren und Kompetenzen in mehreren intensiven Gesprächen oder auch in einem Assessment.

Des Weiteren sollten Sie sich mit den verschiedenen Tests und Diagnostikverfahren beschäftigen. Zu empfehlen ist etwa die Lektüre des Buches „Methodenkoffer zur Persönlichkeitsentwicklung" (Simon, 2007), in dem der Autor mehrere Persönlichkeitstests kritisch würdigt, oder eine Internetrecherche. Wir werden Ihnen im nächsten Kapitel die AECdisc® Potenzialanalyse ausführlich vorstellen, weil sich dieses Instrument im Praxiseinsatz mehr als bewährt hat und wir für die Eignung und Qualität dieser Potenzialanalyse einstehen können. Letztendlich jedoch gilt, dass Test oder Diagnostik und Unternehmen beziehungsweise unternehmerische Zielsetzung zusammenpassen müssen.

> Darum ist es wichtig, dass Sie sich mit den verschiedenen Möglichkeiten und Testdesigns auseinandersetzen und entscheiden, welche Testoption am besten für Ihre Zwecke geeignet ist.

Zuweilen hat die Skepsis damit zu tun, dass Personaler und Entscheider befürchten, der Test führe etwa im Recruitingprozess zu einem anderen Ergebnis als dem gewünschten. Soll heißen: Ein Entscheider hat sich emotional bereits für eine Bewerberin oder einen Bewerber entschieden, und nun treibt ihn die Sorge um, die Eignungsdiagnostik fördere ein Ergebnis zutage, das gegen den „Lieblingskandidaten" spricht. Das übrigens ist eher ein Argument für den Einsatz der Diagnostik: Immerhin soll die bestgeeignete Person für die vakante Position gefunden und eingestellt werden; der „Nasenfaktor" und Vitamin B taugen als nachhaltige Einstellungskriterien kaum.

> Eignungsdiagnostik erlaubt es, einen neutraleren und objektiveren Blick auf eine Person zu werfen, sodass Kriterien wie die Hautfarbe oder das Geschlecht, die sich während des Einstellungsprozesses nicht beeinflussen lassen, an Relevanz einbüßen – was in der Regel im Sinn der Bewerberinnen und Bewerber ist, die eingestellt werden wollen, weil sie über die richtigen Kompetenzen und Eigenschaften verfügen, die zu der vakanten Stelle passen.

Auch aufseiten der Menschen, die sich um eine Position bewerben, gibt es Vorbehalte gegenüber den Testverfahren. Einige vermuten, ein Persönlichkeitstest reduziere ihr komplexes Wesen auf einige wenige Facetten. Umso wichtiger ist es, ihnen die Funktionsweise, den Sinn und die Notwendigkeit eines Tests zu veranschaulichen und ihnen vor allem die Vorteile für sie selbst darzulegen. Entscheidend sind die Hinweise, der Test biete eine weitere Möglichkeit, sich im Einstellungsprozess besser kennenzulernen, erlaube beiden Seiten eine sachliche Einschätzung, ob und inwiefern „es" passt oder auch nicht, und sei bei Weitem nicht das einzige Kriterium für eine Einstellung oder eine Ablehnung.

Gerade weil es bisweilen Kritik an der Qualität der Testergebnisse von Potenzialanalysen gibt, haben wir, die Autoren dieses Buches, Mag. rer. nat. Regina Euteneier, Psychologin, Management Consultant und Expertin für Potenzialanalysen, gebeten, sich zur wissenschaftlichen Relevanz der AECdisc® Potenzialanalyse zu äußern (siehe dazu auch Validierungshandbuch, 2020, S. 2–6).

3.2.2 Exkurs von Regina Euteneier: Die AECdisc® Potenzialanalyse und ihre wissenschaftliche Relevanz

Es gibt vieles, das für den Einsatz psychologischer Persönlichkeitstools spricht. Allerdings: Der Wunsch oder die Absicht, mit einem Testverfahren die Persönlichkeit eines Bewerbers oder Mitarbeiters zu durchleuchten und eine umfassend gültige Gebrauchsanleitung für diesen Menschen zu haben, lässt sich von keinem Tool erfüllen. Die Hoffnung auf die Entdeckung einer magischen Wunderwaffe wird weiterhin unerfüllt bleiben. Trotzdem bieten einige Tools Unterstützung beim Selbstmanagement, der Personalentwicklung und dem Recruiting. Voraussetzung ist stets die wissenschaftliche Eignung und Absicherung nach den obligatorischen Gütekriterien. Wie schaut es diesbezüglich bei der AECdisc® Potenzialanalyse aus?

Lassen Sie mich mit den Hauptgütekriterien beginnen, also der Objektivität, der Reliabilität und der Validität.

> Die Durchführungs-, Auswertungs- und die Ergebnisobjektivität dürfen bei AECdisc® als hervorragend bezeichnet werden.

Die Reliabilität der Analyse wurde für jede der gemessenen Dimensionen nach der Cronbach Alpha Methode berechnet und liegt in sehr zufriedenstellenden Bereichen. Die Konstruktvalidität wurde 2016 mit $r = .78$ ebenfalls in sehr zufriedenstellender Höhe nachgewiesen.

Auch die Nebengütekriterien eines diagnostischen Verfahrens sind für die Anwender von Bedeutung. Die Testökonomie ist bei der Analyse sehr gut. Die Ökonomie bezieht sich darauf, wie aufwendig ein Verfahren ist und wie viel Zeit die Beantwortung in Relation zum erhaltenen Ergebnis erfordert. Bewertet wird, wie „gut" sich ein Verfahren in der Personalentwicklung einsetzen lässt, wie aufwendig die Durchführung ist und wie unkompliziert die Anwendung und das Setting sind.

Die Nützlichkeit eines Verfahrens ist ein weiteres Gütekriterium – dieses betrachtet den konkreten praktischen Anwendungsnutzen für eine bestimmte Fragestellung. Hinzu kommt die Testfairness: Es sollte nicht zu einer Benachteiligung aufgrund Geschlechtszugehörigkeit, Alter oder Bildungshintergrund kommen. Dies ist bei AECdisc® definitiv nicht der Fall.

Daneben gibt es auch Fallstricke, sei es ein nachlässiger Umgang mit dem Report oder eine Überinterpretation der textlichen Darstellung der Ergebnisse oder eine falsch getroffene Schlussfolgerung. In jedem einzelnen Fall lagen die Schwachstellen des Persönlichkeitstests auf der Seite der Anwender, sind also „human factor" basiert. Aus diesem Grund ist es wichtig, die Anwender bestmöglich zu schulen, ein Bewusstsein für die genannten Fehlerquellen zu erzeugen und die Anwendungsbereiche für den Einsatz vorab klar zu definieren.

Niemand hat einen Nutzen von einem schlecht eingesetzten Persönlichkeitstest, weder das Unternehmen noch der Kandidat. Es braucht immer einen verantwortungsvollen und reflektierten Umgang mit den Ergebnissen. Ist dies gewährleistet, ist die Potenzialanalyse im Rahmen des Selbstmanagements, der Personalentwicklung und des Recruitings einsetzbar.

Jeder Mensch ist so unterschiedlich, dass eine Messung von spezifischen Persönlichkeitsaspekten immer nur eine Annäherung sein kann. Dazu kommt, dass kein Mensch eine fixe, gleichsam starre Persönlichkeit *hat*, sondern sich diese Persönlichkeit im Laufe des Lebens kontinuierlich weiterentwickelt. Wir erhalten durch unsere Erfahrungen ständig Impulse für eine Neujustierung oder eine fortgesetzte Konfrontation mit unserer Persönlichkeit. Dadurch lassen sich unsere Handlungsspielräume erweitern, wir können neue Aspekte unserer Persönlichkeit hervorbringen. Unsere Erfahrungen in Situationen können überdies dazu führen, dass wir bestimmte Verhaltensmuster weniger stark oder weniger häufig zeigen. Ein Mensch etwa, der typischerweise auf eine Situation mit einer sofortigen Aktion oder Entscheidung reagiert und dadurch öfter eine Fehlentscheidung getroffen hat, wird sich in ähnlichen Situationen bemühen, sich in seinen Reaktionen zurückzuhalten und weniger spontan zu agieren. Dies kann durch eine sehr einprägsame, tiefgreifende Lernerfahrung geschehen oder durch über viele Jahre angesammelte durchlebte Erfahrungen aus Interaktionen mit Menschen. Dies ist praktiziertes Selbstmanagement.

Für die Personalentwicklung sind die Anwendungsfelder der Analyse klar umrissen, sowohl zur Standortbestimmung für die individuelle Entwicklung als auch zur Darstellung der Potenziale eines Teams. Die Potenzialanalyse eignet sich insbesondere für die Förderung der Kommunikation und für die Selbstreflexion.

Im Recruiting hat AECdisc® eine valide Aussagekraft, wenn es im Rahmen des Auswahlprozesses, in Kombination mit dem verhaltens- und motivorientierten AECdisc® Benchmarkprofil, einem professionellen Interview sowie einer qualifizierten Einschätzung einer im Recruiting kompetenten Fachkraft angewendet wird.

Die Auswahl des passenden Persönlichkeitsinstruments zu treffen, erfordert vorab die Beantwortung der Frage: „Welche Informationen brauche ich und was beantworten mir diese?" Darauf basierend kann eine fundierte Entscheidungsgrundlage für ein bestimmtes Tool geschaffen werden. Nach der Entscheidung für das passende diagnostische Instrument braucht der Anwender das notwendige Hintergrundwissen und ein entsprechend fundiertes Interpretationsverständnis. Wie rasch hierfür das erforderliche Niveau erreicht wird, hängt auch von der Anzahl der durchgeführten Interpretationsgespräche und von den verfügbaren, eigenen Kommunikationstechniken ab. Jemand, der geübt darin ist, strukturierte Gespräche zu führen und hilfreiche Fragentechniken kennt, wird relativ rasch einen großen Nutzen aus den Informationen der AECdisc® Persönlichkeitsanalyse ziehen.

Auch der Vergleich der Tools AECdisc® und NEO-FFI (BIG 5 Modell) im Rahmen einer Studie hat 2020 die wissenschaftliche Eignung der AECdisc® Potenzialanalyse belegt.

Die Durchführung und Auswertung der Daten der Studie hat seinerzeit Dr. Rupert Beinhauer, ausgewiesener Diagnostikexperte der Fachhochschule in Graz, FH JOHANNEUM, übernommen. Vor der Berechnung der Daten wurde eine Grundlagenberechnung zur Struktur der vier AECdisc® Dimensionen durchgeführt. Diese Ergebnisse zeigen, dass die Faktorenstruktur der vier Faktoren sehr gut beweisbar ist, sich mit dem Tool also tatsächlich die vier DISC Persönlichkeitsdimensionen präzise messen lassen. Der Vergleich der beiden Tools liefert durch die hohen Korrelationen zwischen den DISC Skalen des AECdisc® und den NEO-FFI (BIG 5) Skalen robuste Belege dafür, dass sich die theoretischen Konstrukte der vier DISC Skalen sehr gut eignen, um valide Persönlichkeitsmessungen mit dem AECdisc® durchzuführen.

Mein diagnostischer Hintergrund lässt mich generell etwas kritischer auf Persönlichkeitstools blicken, als dies der typische Anwender tut, bei dem der reine Nutzen des Tools im Vordergrund steht. Doch selbst mit diesem kritischen Blick auf den testtheoretischen Hintergrund des AECdisc® Modells finde ich diesbezüglich eine ausreichende, empirisch abgeleitete Grundlage.

3.2.3 Pinocchio-Effekt ausschließen

Kommen wir zu einem weiteren skeptischen Einwand, der darin besteht, eine Person bringe in einem Test das zum Ausdruck, was sie für sozial erwünscht hält. Sie antwortet nicht wahrheitsgemäß, sondern überlegt, welche Antworten ihr die größte Chance eröffnen, eine vakante Position zu ergattern. In dem Kapitel über das natürliche und angepasste Verhalten eines Menschen (Kap. 5) werden wir zeigen, dass dies in dem von uns bevorzugten Testverfahren Berücksichtigung findet und entsprechende Maßnahmen eingebaut werden. Hinzu kommt: Auch bei der AECdisc® Potenzialanalyse sind die Fragen derart komplex aufgebaut, dass sie kaum Rückschlüsse zulassen, welche Antworten zu dem von einer Person gewünschten Ergebnis führen. Der Einwand lässt sich zudem mit dem Hinweis auf einen Effekt entkräften, der im klassischen Bewerbungsgespräch häufig vorkommt, bei der Eignungsdiagnostik jedoch wegfällt, nämlich den Pinocchio-Effekt (siehe dazu Thiemann & Skazel, 2020, S. 78 f.): Bewerber stellen sich in den Bewerbungsunterlagen und oft auch im persönlichen Gespräch besser dar, als sie sind. Das kann man ihnen nicht verdenken, immerhin wollen sie die vakante Stelle erobern. Sie lügen allerdings nicht wissentlich, übertreiben aber hin und wieder bei der Darstellung ihrer Qualifikationen und Kompetenzen. Das heißt: Sie gleichen ihre Schilderungen den Erwartungen des Unternehmens an. So droht zum Beispiel die Gefahr, dass eine eher zurückhaltende Person, die nur ungern den Dialog mit anderen Menschen sucht, beim Wettbewerb um eine Position in einem Bereich, bei dem die Fähigkeit zur Kommunikation und zum aktiven Beziehungsaufbau bedeutsam ist, sich im Bewerbungsgespräch als eher offene Person darstellt. Sicherlich: Ein erfahrener Personaler wird dies wahrscheinlich bemerken, aber es kann sein, dass in einem eher oberflächlich strukturierten Rekrutierungsprozess der Personaler die Präferenz dieser Person nicht erkennt. Dass diese sich selbst damit keinen Gefallen tut, bedenkt sie in diesem Moment nicht. Wie bereits angedeutet: Der Pinocchio-Effekt entsteht oft unbewusst, getragen von dem unbändigen Wunsch, eine Wunschposition zu erringen. Unsere Erfahrung ist:

> Bei einem Einstellungsprozess, bei dem eignungsdiagnostische Analysen zum Verhalten und zur Motivation sowie jobbasierte Interviews zum Einsatz gelangen, fällt der Pinocchio-Effekt nicht ins Gewicht.

3.2.4 Plädoyer für die Eignungsdiagnostik

Letztendlich sprechen wir uns für den Einsatz von Persönlichkeitstests und eignungsdiagnostischer Verfahren sowohl bei der Mitarbeiterführung als auch beim Recruiting aus. Wer sich tagtäglich mit Eignungsdiagnostik beschäftigt, entwickelt ein feinfühliges Sensorium, das Wesen eines Menschen zu erkennen. Wenn Sie ständig anhand konkreter Beobachtungen Verhalten identifizieren und kategorisieren und aktiv Anteil nehmen an den Interessen, Bedürfnissen und Wünschen anderer Menschen, schärfen Sie Ihre Beobachtungsgabe und Wahrnehmungsqualitäten und erweitern Ihre Selbst- und Menschenkenntnis kontinuierlich. Überdies gelingt es Ihnen, die Wirkung Ihres eigenen Verhaltens auf andere immer effektiver zu beurteilen.

Das heißt: Grundsätzlich ist es von Vorteil, über die Kompetenz zu verfügen, sich selbst und andere Menschen besser und angemessen einschätzen zu können. Eine gute oder gar sehr gute Selbst- und Menschenkenntnis hilft nicht nur im Umgang mit (potenziellen) Mitarbeitenden weiter, sondern erlaubt es auch, bessere Kundenbeziehungen aufzubauen. Selbst im privaten und persönlichen Bereich hilft eine gute Selbst- und Menschenkenntnis dabei weiter, insbesondere dann, wenn es darum geht, die Beziehung zu seinen Mitmenschen und seinem Umfeld zu optimieren.

> Die kommunikative Platinregel „Behandle den anderen so, wie er behandelt werden möchte" lässt sich umsetzen, je mehr typologisches Wissen Sie aufgebaut haben.

Je mehr Sie in der Lage sind, sich in andere Menschen hineinzuversetzen und einzufühlen sowie die Perspektive anderer Menschen einzunehmen, sich also deren Wahrnehmungsbrille aufzusetzen, desto eher gelingt es Ihnen, die kommunikative Platinregel zu befolgen und produktive Beziehungen zu ihnen zu etablieren.

Lassen Sie uns kurz reflektieren, was genau wir unter „Menschenkenntnis" verstehen (Skazel & Thiemann, 2019, S. 51–59). Wenn wir einer Person Menschenkenntnis attestieren, meinen wir damit meistens, dass diese Person anhand der verbalen und nonverbalen Verhaltensweisen von Menschen deren Gefühle, Gedanken, Motive, Einstellungen und Absichten erkennen kann. Im Gespräch und im Umgang mit anderen Personen ist sie in der Lage, auf deren persönlichkeitstypische Denk- und Verhaltensmuster, Glaubens- und Wertesysteme sowie Gewohnheiten rückzuschließen. So ist es ihr möglich, mehr Verständnis für sich selbst und andere Menschen aufzubringen. Personen mit ausgeprägter Menschenkenntnis entwickeln oft eine hohe Feinfühligkeit und Sensibilität im Umgang mit anderen, weil sie die Wirkung des eigenen Verhaltens auf ihre Gesprächspartner beurteilen können. So können sie intensivere Beziehungen zu ihnen aufbauen und angemessen mit Konfliktgegnern umgehen.

Wichtig ist allerdings, selbst bei hoch ausgebildeter Menschenkenntnis ins Kalkül zu ziehen, sich durchaus täuschen und falsch liegen zu können. Trotzdem gilt unserer Beobachtung nach: Wer es trainiert, die Persönlichkeit anderer Menschen einzuschätzen und zu erkennen, welche Sorgen und Probleme, aber auch Wünsche und Erwartungen das Gegenüber antreiben, kommt im Umgang mit anderen Menschen oft besser klar als Zeitgenossen, die sich allein auf ihre Intuition oder ihr Bauchgefühl verlassen. Sicherlich – auch das intuitive Vorgehen hat Vorteile. Aber Personen mit der ausgeprägten Fähigkeit zur Menschenkenntnis fällt es meistens noch leicht(er) als den intuitiv agierenden Menschen, sich in die Schuhe anderer Personen zu stellen oder auf deren Stuhl zu setzen, mithin deren Perspektive einzunehmen und Verständnis für sie aufzubringen. Oft ist es zielführend, die Intuition, die Menschenkenntnis und die Einschätzung anderer Menschen durch den Einsatz von Persönlichkeitstests und eignungsdiagnostischer Verfahren nicht als Widerspruch, als Entweder-oder, sondern als Dreiklang, als Sowohl-als-auch zu sehen – wobei wir dafür plädieren, gerade bei weitreichenden Entscheidungen wie der Einstellung oder Nichteinstellung eines Bewerbers oder einer Bewerberin mehrdimensional vorzugehen und auf jeden Fall Tests und Eignungsdiagnostik einzusetzen.

Der Grund: Es birgt Risiken, sich nur auf das Bauchgefühl und die Menschenkenntnis zu stützen, weil wir dazu tendieren, bei der Beobachtung von Menschen vor allem nach der Bestätigung unserer ersten Beurteilung zu suchen, nach dem Motto: „Klar, das habe ich ja schon immer gewusst!" Oder wir führen die Verhaltensweisen einer Person nur auf deren Persönlichkeit und (angebliche) Überzeugungen zurück. Konkretes Beispiel: Wenn ein Bewerber im Gespräch auf Stressfragen wie „Was tun Sie, wenn in der Probezeit Ihr Chef kurz vor Feierabend verlangt, ihm in zwei Stunden die fertige Präsentation vorzustellen?" unangemessen reagiert, haben wir es vielleicht doch nicht mit jemanden zu tun, der mit Stress nicht umgehen kann, sondern lediglich mit einem Verhalten, das der Nervosität des Kandidaten geschuldet ist.

> Die Einschätzung eines Menschen durch Persönlichkeitstests und eignungsdiagnostische Verfahren dient der Objektivierung und Neutralität dieser Einschätzung.

Seriöse Entwickler und Anbieter eignungsdiagnostischer Verfahren und Tests erheben niemals einen Alleingültigkeitsanspruch. Vielmehr betrachten sie sie als eine, aber nicht als die einzige Option, sich selbst und andere besser einzuschätzen. So gelingt es, den Blickwinkel zu weiten, die Persönlichkeit, den Charakter und die Mentalität eines Menschen einzuordnen und ein neues Licht auf den Menschen zu werfen, mit dem Sie interagieren und kommunizieren.

Doch nun wollen wir Ihnen das eignungsdiagnostische Verfahren vorstellen, das unserer Erfahrung nach bestens geeignet ist, Potenziale zu entdecken.

Handlungsempfehlungen

- Empfehlung 1: Nutzen Sie Persönlichkeitstests und Eignungsdiagnostik bei der Einschätzung eines Menschen als unterstützende Instrumente.
- Empfehlung 2: Setzen Sie sich mit den verschiedenen Möglichkeiten der Eignungsdiagnostik auseinander und entscheiden Sie sich für die Methode, die zum Unternehmen und zu Ihren Zielsetzungen am besten passt.
- Empfehlung 3: Etablieren Sie in Ihrem Verantwortungsbereich eine Kultur der Potenzialanalysen und der Persönlichkeitsdiagnostik.
- Empfehlung 4: Schärfen Sie Ihre Wahrnehmungsintelligenz und lernen Sie, aus dem menschlichem Verhalten Rückschlüsse auf Einstellungen, Überzeugungen und Glaubens- und Wertesysteme zu ziehen. Bauen Sie also Selbst- und Menschenkenntnis auf.

Literatur

Ballier, R., & Wendel, S. (2010). *Denkst du noch oder war's das schon?* (2. Aufl.). Südwest.

Löhken, S. (2015). *Leise Menschen – starke Wirkung. Wie Sie Präsenz zeigen und Gehör finden* (5. Aufl.). Piper Taschenbuch.

Moser, C. (2011). Was taugen Tests? Persönlichkeit erkennen. In: ManagerSeminare, Heft 154, Januar 2011, S. 68–73.

Simon, W. (2007). *Methodenkoffer zur Persönlichkeitsentwicklung*. Gabal.

Skazel, R., & Thiemann, D. (2019). *Verkaufskompetenz Mensch. Gewinnerstrategien für Top-Verkäufer. Anleitung zum persönlichkeitsorientierten Verkauf.* BoD.

Thiemann, D., & Skazel, R. (2020). *Zukunftskompetenz Vertrieb. So entwickeln Sie Ihr Unternehmen zur Top Sales Company.* Springer Gabler.

Validierungshandbuch. (2020). *AECdisc® Validierungshandbuch.* Verfasst und herausgegeben vom Deutschen Institut für Vertriebskompetenz GmbH & Co. KG.

4

Einführung in die AECdisc®
Potenzialanalyse

Darum geht es in diesem Kapitel

Wer eine Potenzialanalyse nutzen will, um zum Beispiel den richtigen Mitarbeitenden zu finden und Menschen zu motivieren und zu führen, muss genau wissen, wie diese Potenzialanalyse funktioniert und wirkt. Sie lernen mit der AECdisc® Potenzialanalyse ein bewährtes Diagnostikverfahren kennen, mit dem Sie sich selbst und andere Menschen besser einschätzen und Ihre Kommunikation auf Ihre Gesprächspartner optimal abstimmen können. Im Fokus stehen Persönlichkeitstypen und deren spezifische Eigenschaften, Verhaltensmerkmale und Persönlichkeitscharakteristika.

4.1 Die Grundlagen der AECdisc® Potenzialanalyse

Stellen Sie sich vor, Sie als Geschäftsführer, Personalleiter, Recruiter, Personalentwickler, Führungskraft oder als jemand, der daran interessiert ist, eigene und fremde Potenziale zu erkennen, zu nutzen und auszubauen, möchten zu einem Menschen eine allgemeine

D. Thiemann und R. Skazel, *Persönlichkeitsdiagnostik: Entdecke die Potenziale mit der AECdisc® Analyse*, https://doi.org/10.1007/978-3-658-43260-7_4

Typbeschreibung seines Charakters und seiner Persönlichkeit erhalten. Sie wollen wissen, *was* er kann, *wie* er sich verhält und *warum* er sich so und nicht anders verhält. Zudem wollen Sie seine Talente, seine Stärken und Schwächen bezüglich der Verhaltensweisen und seinen Kommunikationsstil einschätzen. Ach ja: Auskünfte über die Selbst- und Fremdwahrnehmung und diejenigen Bereiche, in denen er sich konkret verbessern kann und muss, sind selbstverständlich auch noch von Interesse. Überdies wollen Sie feststellen, was diesen Menschen wahrhaftig und tief in seinem Innersten bewegt und antreibt. Welche Normen, Überzeugungen und Werte, welche Haltungen prägen ihn? Auch nicht schlecht wäre, auf dieser Grundlage ein Verhaltensprofil erstellen zu können und Informationen zu bekommen, wie sich diese Person mit hoher Wahrscheinlichkeit an ihrem Arbeitsplatz verhalten und die ihr übertragenen Aufgaben und Herausforderungen stemmen wird. Die Antworten auf alle diese Fragen sollen Ihnen dabei helfen, eine richtige und nachhaltige Entscheidung zu treffen, etwa, ob Bewerber und vakante Position zusammenpassen oder wie ein Mitarbeitender motiviert, geführt und unterstützt werden sollte, damit er einen Top-Beitrag zur Erreichung der Unternehmensziele leisten kann. Hier setzt die AECdisc® Potenzialanalyse an:

> Mit ihrer Unterstützung ist es möglich, sich selbst und andere Menschen präzise einzuschätzen. Sie steht also im Dienst der Menschenkenntnis – und der Selbstkenntnis. Denn vielleicht ist Ihnen daran gelegen, für sich selbst eine Potenzialanalyse durchzuführen, etwa weil Sie sich beruflich umorientieren möchten.

Die Potenzialanalyse gibt Hinweise auf drei Themenbereiche, die wir uns im Folgenden näher anschauen wollen.

4.1.1 Themenbereich 1: Das WAS, das WIE und das WARUM

Die Potenzialanalyse berücksichtigt den Zusammenhang zwischen den Bereichen WAS, WIE und WARUM, und das heißt im Einzelnen:

- Kompetenzen: Im Fokus stehen die Fähigkeiten, die es einem Menschen ermöglichen, die Leistungen zu erbringen, die man von ihm erwartet, also das fachliche, methodische, soziale und personale Können. Das WAS steht für die Kompetenzen, die diese Person erlernt hat, ihre Kenntnisse, Fähigkeiten, Fertigkeiten oder Erfahrungen.
- Beobachtbares Verhalten: Es geht darum, wie jemand sein Können umsetzt und wie er dabei auf andere wirkt. Das WIE beschreibt den Verhaltensbereich, wie ein Mensch sich verhält. Darunter fallen die unmittelbar beobachtbaren Handlungen und die Art und Weise, wie er agiert und reagiert (das Temperament).
- Motive und Interessen: Gemeint sind die Ursachen für das zielgerichtete Handeln und das Verhalten, also die Beweggründe. Das WARUM verdeutlicht die Motive und klärt darüber auf, warum ein Mensch sich so verhält, wie er sich verhält. Es handelt sich um Bereiche, die vor allem durch die Sozialisation, etwa die Erziehung, zustande kommen, in der die Werte, Normen und Überzeugungen ihre charakteristische Prägung erfahren.

4.1.2 Themenbereich 2: Die vier Farb- und acht Haupttypen

Es geht um die Unterteilung in vier Farbtypen beziehungsweise acht Haupttypen. Was heißt das? Ausgangspunkt ist die Frage, ob ein Mensch eher introvertiert oder extravertiert agiert und mehr menschenorientiert oder aufgabenorientiert vorgeht. Daraus ergeben sich vier Menschentypen, die mit jeweils einer eingängigen Farbe und einem einschlägigen Begriff beschrieben werden:

- Roter Typ: Dominanz – Probleme und Herausforderungen angehen
- Gelber Typ: Einfluss – mit anderen Menschen interagieren
- Grüner Typ: Stabilität – auf Veränderungen reagieren und ein stabiles Umfeld integrieren
- Blauer Typ: Konformität – auf vorgegebene Regeln und Vorgehensweisen reagieren

Jeder der vier Menschentypen verfügt aufgrund seiner Verhaltens-präferenzen über bestimmte Stärken und Schwächen. Zudem spricht die Potenzialanalyse von acht Haupttypen, die eine immer differen-ziertere Beschreibung der Persönlichkeit erlaubt. Jeder der acht Haupt-typen wird in einen anschaulichen Begriff gefasst: Initiator, Motivator, Kommunikator, Berater, Unterstützer, Koordinator, Analytiker und Or-ganisator. Hinter jedem der Begriffe verbirgt sich eine detaillierte Typ-beschreibung – die Oberbegriffe dienen der raschen und anschaulichen Zuordnung. In einem weiteren Schritt greift die Potenzialanalyse auf das AECdisc® Potenzial-Rad zurück, das aus 68 Feldern besteht.

> Die Beschreibung der Verhaltenseigenschaften eines Menschen ergibt sich aus der Position innerhalb der 68 Felder auf dem Potenzial-Rad.

Bilder – oder Abbildungen – sagen mehr als tausend Worte. Darum fas-sen die Abbildungen auf den nächsten Seiten das Gesagte anschaulich zusammen. Dabei gilt:

- Abb. 4.1 zeigt eine Übersicht zu den vier Menschentypen.
- Die Abb. 4.2 und 4.3 bieten einen kompakten Überblick zu den Stärken und Schwächen der vier Menschentypen.
- Abb. 4.4 verweist auf die acht Haupttypen.
- In Abb. 4.5 schließlich finden Sie das Potenzial-Rad mit jenen 68 Feldern, auf denen sich eine Persönlichkeit verorten lässt.

4.1.3 Themenbereich 3: Die Potenzialanalyse im Praxiseinsatz

Mit der Potenzialanalyse gelangen wir im Praxiseinsatz zu qualifizierten Aussagen bezüglich dieser Aspekte:

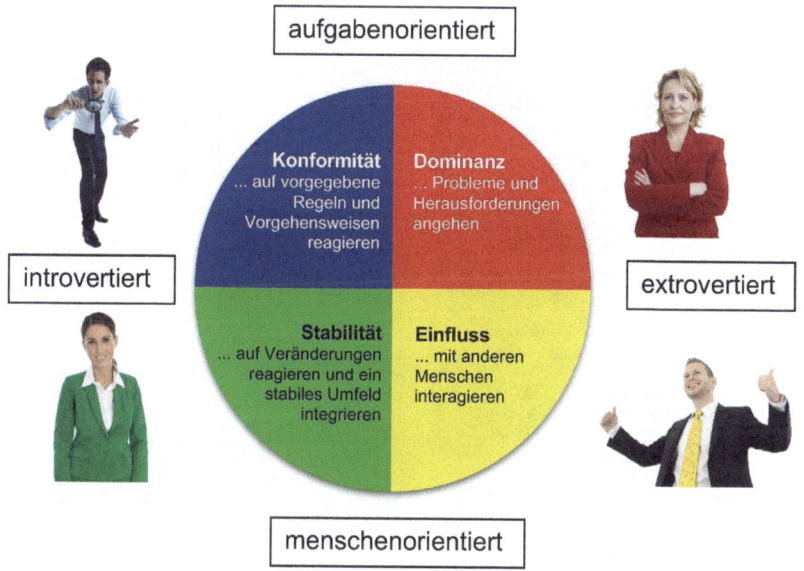

Abb. 4.1 Introvertiertheit oder Extravertiertheit, Aufgabenorientierung oder Menschenorientierung – die vier Menschentypen

Abb. 4.2 Die Stärken der verschiedenen Verhaltenspräferenzen

Abb. 4.3 Die Schwächen der verschiedenen Verhaltenspräferenzen

1. **Allgemeine Eigenschaften auf der Basis der vier Menschentypen und der acht Haupttypen**
   – Detaillierte Typenbeschreibung
   – Typische Verhaltensmerkmale
2. **Talente**
   – Stärken und Qualitäten, allgemein und
   – in Bezug auf die Arbeitswelt
3. **Kommunikation und Kommunikationsstil**
   – Aussagen darüber, was eine Person auf jeden Fall vermeiden sollte
   – Aussagen darüber, was sie auf jeden Fall beachten sollte
4. **Komplementärtyp**
   – Diskussion der Frage: „Gegensätze, die sich anziehen" oder „Gleich und gleich gesellt sich gern"?
5. **Selbstbild versus Fremdbild**
   – Aussagen darüber, wie eine Person sich wahrnimmt
   – Aussagen darüber, wie eine Person von anderen Menschen und seinem Umfeld wahrgenommen wird
6. **Verbesserungswürdige Bereiche**
   – Aussagen über mögliche unproduktive Neigungen, die von einer Person bearbeitet werden sollten
   – Aussagen darüber, worauf sie mehr achten sollte

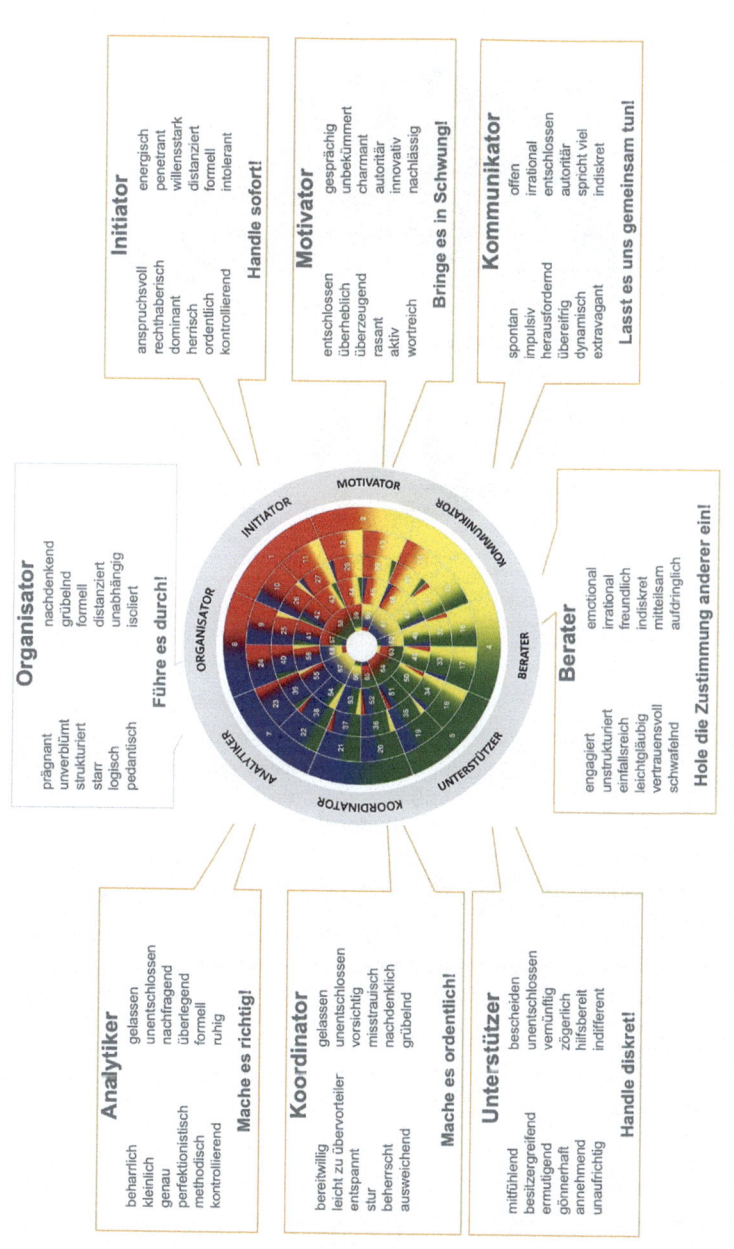

Initiator

anspruchsvoll	energisch
rechthaberisch	penetrant
dominant	willensstark
herrisch	distanziert
ordentlich	formell
kontrollierend	intolerant

Handle sofort!

Motivator

entschlossen	gesprächig
überheblich	unbekümmert
überzeugend	charmant
rasant	autoritär
aktiv	innovativ
wortreich	nachlässig

Bringe es in Schwung!

Kommunikator

spontan	offen
impulsiv	irrational
herausfordernd	entschlossen
übereifrig	autoritär
dynamisch	spricht viel
extravagant	indiskret

Lasst es uns gemeinsam tun!

Organisator

prägnant	nachdenkend
unverblümt	grübelnd
strukturiert	formell
starr	distanziert
logisch	unabhängig
pedantisch	isoliert

Führe es durch!

Berater

engagiert	emotional
unstrukturiert	irrational
einfallsreich	freundlich
leichtgläubig	indiskret
vertrauensvoll	mitteilsam
schwafelnd	aufdringlich

Hole die Zustimmung anderer ein!

Analytiker

beharrlich	gelassen
kleinlich	unentschlossen
genau	nachfragend
perfektionistisch	überlegend
methodisch	formell
kontrollierend	ruhig

Mache es richtig!

Koordinator

bereitwillig	gelassen
leicht zu übervorteilen	unentschlossen
entspannt	vorsichtig
stur	misstrauisch
beherrscht	nachdenklich
ausweichend	grübelnd

Mache es ordentlich!

Unterstützer

mitfühlend	bescheiden
besitzergreifend	unentschlossen
ermutigend	vernünftig
gönnerhaft	zögerlich
annehmend	hilfsbereit
unaufrichtig	indifferent

Handle diskret!

Abb. 4.4 Die acht Haupttypen der Potenzialanalyse

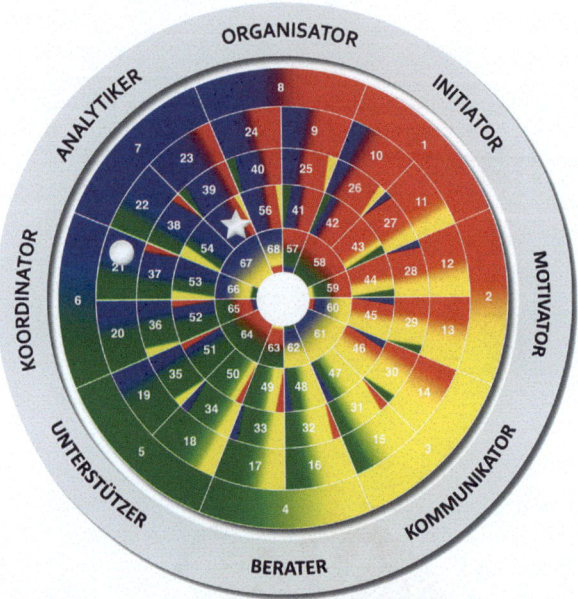

Abb. 4.5 Das AECdisc® Potenzial-Rad

7. Verhaltensprofil
- Aussagen zum natürlichen Selbst, zum Kern oder zum privaten Ich einer Person (natürlicher Stil)
- Aussagen zum angepassten Stil, der das öffentliche Selbst einer Person zeigt
- Aussagen zu der Frage, wie es um die Dynamik in der Persönlichkeitsentwicklung bestellt ist
- Hinweis auf 16 Indikatoren, die die Verhaltensausprägungen sowohl im natürlichen als auch im angepassten Stil zeigen
- Aussagen zum bevorzugten Verhalten in beruflichen und privaten Alltagssituationen

8. Handlungsmotive
- Kognitiv
- Ästhetisch
- Ökonomisch
- Sozial
- Individualistisch
- Traditionell

In den nächsten Kapiteln werden wir an dem Beispiel der fiktiven Person, die wir auf die Abenteuerreise „Potenzialanalyse" schicken, diesen Aspekten wiederbegegnen. Jetzt aber wollen wir Ihnen zunächst einmal ein wenig Hintergrundwissen zu der genannten Potenzialanalyse bieten (siehe dazu ausführlich Skazel & Thiemann, 2019, S. 61–135).

4.2 Hintergrundwissen AECdisc® Potenzialanalyse

Die Potenzialanalyse beruht auf dem Konzept der amerikanischen Cleaver Company und ist in Frankreich weiterentwickelt worden. Ohne zu tief in die theoretischen Details einzusteigen, die zur Entstehung der Potenzialanalyse geführt haben, wollen wir kurz die wesentlichen Einflüsse aufzeigen und auf die persönlichkeitstypologischen Annahmen des Psychologen William Moulton Marston und die Forschungen von Carl Gustav Jung hinweisen. Marston differenzierte zwischen den vier Verhaltenseigenschaften Dominanz (*Dominance*), Einfluss (*Inducement*), Stabilität (*Submission*) und Konformität (*Compliance*). Sie kennen die Begriffe aus Abb. 2.1; in der englischen Fassung kommt es so zu dem Akronym *disc*, das sich in dem Namen AECdisc® Potenzialanalyse wiederfindet. Zudem enthält die Potenzialanalyse einen Bezug zur Typisierung nach Jung, der zwischen den Einstellungstypen extravertiert und introvertiert und den vier Bewusstseinsfunktionen Denken, Fühlen, Empfinden und Intuition einen Unterschied machte. Führen wir die Typologie nach Jung mit der Theorie von Marston zusammen, erhalten wir das Koordinatensystem, das Sie bereits kennen und das Fundament dieser Potenzialanalyse darstellt.

Mit dem Hinweis auf William Moulton Marston lässt sich auch erklären, wie es zu der Zuordnung der Farben zu den Menschentypen gekommen ist: Mit dem Ziel, die vier Verhaltenstypen nach Marston kulturübergreifend begreiflich zu machen, erfolgte die Assoziation mit Farben erstmals durch den US-amerikanischen Maler Albert Henry Munsell (1858–1918), der ein Farbordnungssystem entwickelt hat. Demnach werden die Grunddimensionen Dominanz, Einfluss,

Stabilität und Konformität mit den vier Farben Rot, Gelb, Grün und Blau assoziiert – also mit einer Farbe, die in vielen Kulturen die gleiche Bedeutung aufweist und die Ableitung bestimmter Charaktereigenschaften vereinfacht.

John Cleaver von der Cleaver Company entwickelte die Dimensionen nach Marston und Jung weiter und kreierte den Originalfragebogen DISC, der mittlerweile auf einem Online-Fragebogen beruht, der mithilfe von 39 Fragen eine Standortbestimmung erlaubt. Die beiden Pole Extraversion und Introversion geben Auskunft über die Interaktion mit der Umwelt. Eine extravertierte Person bevorzugt eine nach außen gewandte Grundhaltung, Introvertierte dagegen eine nach innen gewandte Haltung.

Die extravertierte Einstellungshaltung bedeutet unter anderem:

- Antworten, Entscheidungen und Risikoeinschätzung erfolgen schnell und spontan.
- Extravertierte Menschen ziehen es vor, sich in einem dynamischen Umfeld aufzuhalten, etwa in einem Team, in dem es viel Aktivität gibt.
- Sie beginnen Gespräche gern, lieben es, sich in laufende Gespräche einzuschalten, und die Kommunikation zu dominieren.
- Sie werden von anderen als kommunikativ und dominant wahrgenommen.
- Sie nutzen gesellschaftliche Anlässe, um im Mittelpunkt zu stehen.
- Die eigene Meinung wird konfrontationsfreudig geteilt sowie argumentativ vehement verteidigt.
- Sie reagieren eher ungeduldig.
- Sie setzen häufig Gestik und Intonation zur Betonung des Gesagten ein, haben einen festen Händedruck und halten den Augenkontakt.

Für die introvertierte Einstellungshaltung unter anderem:

- Antworten, Entscheidungen und Risiken werden sorgfältig und vorsichtig abgewogen.
- Introvertierte Menschen ziehen es vor, in einem harmonischen Umfeld zu arbeiten, um sich auf die Aufgaben konzentrieren zu können.

- Sie beginnen Gespräche selten und hören lieber zu, als aktiv zum Gespräch beizutragen, und äußern selten die eigene Meinung.
- Sie werden von anderen als reserviert, schüchtern und überlegt wahrgenommen.
- Sie ziehen die Gesellschaft von ein, zwei Personen oder nahen Freunden gesellschaftlichen Anlässen vor.
- Sie heben inhaltliche Punkte durch Erläuterungen hervor und stellen gern Fragen, die zur Klärung beitragen.
- Sie sind eher geduldig und kooperativ.
- Gestik und Intonation zur Betonung des Gesagten werden von ihnen unregelmäßig eingesetzt, ihr Händedruck ist schwach, sie bauen nur gelegentlich Augenkontakt auf.

Die Unterscheidung zwischen Aufgaben- und Menschenorientierung führt zu einer weiteren Konkretisierung der Verhaltenspräferenzen: Sach- und aufgabenbezogene Menschen

- bevorzugen logische, analytische Argumente und Herangehensweisen,
- leben im Hier und Jetzt und beschäftigen sich mit Realitäten,
- treffen vernunftbasierte Entscheidungen,
- betrachten Themen objektiv und beleuchten sie aus verschiedenen Perspektiven,
- ziehen das eigenständige Arbeiten einer Zusammenarbeit im Team vor,
- führen zielgerichtete und formale Gespräche,
- äußern Gefühle eher nicht,
- beharren auf dem routinemäßigen Abarbeiten der Agenda und strikter Zeiteinteilung und
- brauchen Zeit, um mit anderen „warm" zu werden.

Kommen wir zum menschenbezogenen Verhalten – diese Menschen

- sind meinungs- und gefühlsorientiert,
- bevorzugen emotional-intuitive Herangehensweisen,
- beschäftigen sich mit Eventualitäten, Konzepten und Visionen,

- treffen gefühlsbasierte Entscheidungen und gehen Themen subjektiv an,
- bevorzugen die Zusammenarbeit mit anderen,
- führen Gespräche ausschweifend und weichen dabei vom Thema ab,
- zeigen ihre Gefühle offen,
- favorisieren die flexible Zeiteinteilung und Abarbeitung von Aufgaben und
- fühlen sich in sozialen Situationen wohl und nehmen gern Kontakt auf.

> Die beispielhaften Beschreibungen bieten eine erste Orientierung. Sie werden Ihnen in der Realität, also beim Einsatz der Potenzialanalyse in Ihrem Verantwortungsbereich, und auf jener Abenteuerreise wiederbegegnen.

4.3   Kurzbeschreibung der vier Farbtypen

Lassen Sie uns die vier Farbtypen unter die Analyselupe legen.

4.3.1   Der rote Typ: „Meistere Herausforderungen und Schwierigkeiten!"

Der dominante Persönlichkeitstyp verhält sich entschlossen und risikofreudig und sucht Herausforderungen und die Konfrontation. Er ist selbstbewusst, unabhängig und unternehmerisch. Er kann als Abenteurer bezeichnet werden, der vielfältige Interessen hat. Dabei möchte er möglichst an allen Aktivitäten beteiligt sein, denn er probiert sich gern an allem aus.

Er wird durch Probleme motiviert, deren Lösung er aktiv herbeiführen kann. Er geht in Projekten mit kritischem Projektstatus auf und zeigt, was in ihm steckt. Jedoch verlieren Projekte für ihn rasch ihre Attraktivität, sobald alle Probleme beseitigt sind. Er bevorzugt daher eine wechselnde Umgebung mit abwechslungsreichen Aufgaben.

Zudem stellt er den Status quo infrage und führt gern Veränderungen herbei, die oftmals innovativ sind. Um sein Leistungspotenzial abzurufen, benötigt er große Entscheidungsspielräume und lebt seine Autorität aus. Er hat das Bedürfnis zu führen oder zu leiten, auf jeden Fall voranzugehen. Er ist zielstrebig, beharrlich und durchsetzungsstark und arbeitet gern schnell und allein, um sich nicht abstimmen zu müssen. Entscheidungen fällt er zügig, dabei zeigt er die Tendenz, hohe Risiken einzugehen. Wenn das Ziel für ihn attraktiv genug ist, lässt er Risiken außer Acht und widersetzt sich Autoritäten. Er denkt in Konkurrenzkategorien und macht aus allem einen Wettbewerb, den er natürlich gewinnen möchte.

In der Kommunikation mit anderen ist er direkt – er sagt häufig recht unverblümt, was er denkt. Durch seine schroffe Art verletzt er oftmals die Gefühle anderer und wirkt so zuweilen rücksichtslos. Er ist manchmal unsensibel und wenig empathisch. Er vermeidet Small Talk und ausschweifende Gespräche fernab des Themas und kommt sofort auf den Punkt. Dabei liebt er Konfrontationen, bei denen er seine Argumente präsentieren kann. Er steht sehr gern im Mittelpunkt und ist empfänglich für Komplimente.

Auf der kommunikativen Ebene gilt: Er kommuniziert häufig verbal, redet mehr, als er zuhört, bejaht mehr, als er hinterfragt. Seine Stimme ist direkt, er intoniert kraftvoll, hat ein schnelles Sprechtempo und großes Stimmvolumen und bevorzugt eine konfrontierende Intonation. Seine nonverbale Kommunikation zeichnet sich durch einen festen Händedruck und intensiven Blick aus. Er bedient sich seiner Mimik und Gestik, um Aussagen zu unterstreichen. Er macht schnelle Bewegungen, hat eine energische Haltung und drückt über seine Körpersprache seine Ungeduld aus.

4.3.2 Der gelbe Typ: „Geteilte Freude ist doppelte Freude!"

Dieser aktiv Einfluss nehmende Persönlichkeitstyp zeichnet sich durch Kontaktfreudigkeit, Heiterkeit, Überzeugungskraft und Optimismus aus. Sein Hauptanliegen ist die soziale Anerkennung und

Wertschätzung – er möchte von anderen gemocht werden. Mehr noch: Er möchte beliebt sein und im Mittelpunkt stehen. Er mag Menschen und sieht in jedem Gegenüber einen potenziellen neuen Freund, weshalb er anderen oftmals blind vertraut und sie falsch einschätzt. Durch sein starkes Bedürfnis nach Zugehörigkeit ist er nicht gern allein – er will mit anderen interagieren und einbezogen werden.

Des Weiteren ist er redegewandt, kontakt- und kommunikationsstark und handlungsorientiert. Er geht aus sich heraus und kann sich gut darstellen. Es fällt ihm leicht, seine Gefühle auszudrücken. Er verfügt über die Fähigkeit, andere zu überzeugen und zu motivieren. Durch seine positive Grundeinstellung und seinen Optimismus kann er andere für seine Träume und Visionen begeistern. Zuweilen beeinflusst oder manipuliert er andere Menschen, ohne ihnen jedoch bewusst schaden zu wollen.

Durch seine sprunghafte Art, Gespräche zu führen oder an bestimmte Themen heranzugehen, wirkt er manchmal recht oberflächlich. Er neigt zu Übertreibungen und überspitzten Generalisierungen und kann sich schnell und intensiv für Dinge begeistern. Diese Begeisterung flacht aber oft auch ebenso rasch wieder ab. Er handelt und entscheidet spontan und wechselt von einer Aktivität zur nächsten, weshalb er wenig Sinn für Detailarbeit und Organisationsaufgaben hat. Trotzdem ist er ein guter Beobachter und registriert oft kleinste Details einer Situation, sofern dies für ihn wichtig ist. Er ist schnell und lebhaft in der Zusammenarbeit mit anderen und in Konfliktsituationen ein guter Vermittler.

Zu seinem kommunikativen Stil gehört, dass er sich informell ausdrückt, oft ohne groß zu überlegen, und gern Geschichten und Anekdoten erzählt, seine Gefühle mit anderen teilt und keine Bedenken hat, seine Meinung zu äußern. Er hat eine flexible Zeiteinteilung und lenkt das Gespräch häufig auf andere Themen. Seine Stimme verfügt über ein großes Volumen, er spricht schnell und wirkt so oft etwas theatralisch. Er variiert gern Ton, Tonfall und die Klangfarbe seiner Stimme, je nach emotionaler Anteilnahme. Seine nonverbale Kommunikation lebt von einer facettenreichen Mimik und Gestik, er sucht den Körperkontakt, handelt spontan, verfügt über eine lässige Körperhaltung und drückt seine Ungeduld verbal aus.

4.3.3 Der grüne Typ: „Strebe nach stabiler Harmonie!"

Dieser Stabilität anstrebende Persönlichkeitstyp agiert freundlich, gut-
mütig und verständnisvoll. Er ist sehr umgänglich, loyal und gelassen,
harmoniebedürftig, zurückhaltend, gemäßigt und vermeidet Extreme.
Man muss sich schon sehr anstrengen, um ihn zu verärgern, er drückt
seine Gefühle selten oder spät aus. In Konflikte gerät er so gut wie nie,
weshalb er auf andere nachgiebig wirken kann. Seine eigenen Probleme
oder Gedanken vertraut er anderen eher selten an.

Hinzu kommt, dass er keine Veränderungen mag und die Bei-
behaltung des Status quo bevorzugt. Er ist pflichtbewusst und hat den
Wunsch, sich nützlich zu machen. Er befolgt Anweisungen, hält vorgegebene Routinen ein und ordnet sich unter. Er bevorzugt ein gleich-
bleibendes Aufgabenspektrum sowie seine gewohnten Arbeitsprozesse
und -abläufe. Dabei erledigt er eine Aufgabe nach der anderen und
möchte sie in jedem Fall abschließen können. Er handelt langsam und
trifft seine Entscheidungen eher bedächtig.

Durch das Festhalten am Ist-Zustand baut er gern enge, langan-
haltende Beziehungen auf. Familie und ein enger Freundeskreis sind
ihm wichtig. Im Beruf bevorzugt er ein festes Team – das gibt ihm
Sicherheit und verschafft ihm ein Gefühl der Zugehörigkeit. Im Team
ist er ein verbindendes Glied, er stärkt den Zusammenhalt der Gruppe.
Er ist ein guter Zuhörer und Ratgeber und erkennt die Bedürfnisse anderer Menschen. Seine Teamkollegen unterstützt er aktiv.

Auf der Kommunikationsebene hält er sich oft zurück, er hört mehr
zu, als dass er selbst spricht. Er weicht nicht gern von seiner Meinung
ab, ist jedoch oft bereit, diese vor einer größeren Gruppe zu äußern.
Seine Stimme ist kräftig und warm, er intoniert zurückhaltend, verfügt
über ein kleines Stimmvolumen und spricht langsam. Seine nonverbale
Kommunikation ist geprägt durch einen sanften Händedruck, eine
zurückhaltende Körpersprache, einen unregelmäßigen Augenkontakt,
eine entspannte Haltung und langsame und ruhige Bewegungen.

4.3.4 Der blaue Typ: „Halte Verfahrensweisen und Regeln ein!"

Der Konformität anstrebende Persönlichkeitstypus kann als analytischer, präziser, rationaler und angepasster Mensch beschrieben werden. Er agiert faktenorientiert, traditionell und gewissenhaft. Er ist ein rationaler Denker, der analytisch an Probleme herangeht und ein professionelles, methodisches Vorgehen bevorzugt. Er orientiert sich dabei an Beweisen und sammelt möglichst viele Informationen, die bei der Lösung des Problems hilfreich sein können. Dabei unterliegt er der Gefahr, auch unnütze Informationen einzuholen. Er handelt vorsichtig und stellt viele Detailfragen, denn bevor er eine Entscheidung trifft, will er sich absolut sicher sein. Zudem ist er um Objektivität und Sachlichkeit bemüht.

Er arbeitet gern allein, nur dann sieht er die notwendige Präzision gewährleistet. Er stellt hohe Qualitätsansprüche an sich selbst. Er mag ein strukturiertes Arbeitsumfeld und hält an bewährten Abläufen fest. Regeln und Vorschriften werden stets eingehalten und nicht kalkulierbare Risiken vermieden. Er wirkt auf andere oft konformistisch und ist eher ein Taktiker als ein Stratege. Privat benötigt er ebenfalls ein geordnetes Leben mit Routinen.

Er ist kein Revolutionär und stellt den Status quo nicht infrage. Durch seine Sachlichkeit kann er auf andere reserviert und kühl wirken. Er tut sich schwer, seine Gefühle auszudrücken, und fühlt sich unwohl, wenn er mit den Gefühlen anderer konfrontiert wird. Da er die Dinge unbedingt richtig tun möchte und selbstkritisch ist, empfindet er Kritik an seiner Arbeit zuweilen als persönliche Beleidigung.

In der Kommunikation orientiert er sich an Tatsachen und Aufgaben. Er ist im Gespräch sehr konzentriert und teilt dem Gegenüber selten seine Gefühle mit. Er spricht langsam, moduliert wenig, redet zuweilen etwas eintönig und verfügt über eine stabile Stimmqualität. Seine nonverbale Kommunikation ist gekennzeichnet durch einen kühlen Händedruck, unregelmäßigen Augenkontakt und eine kontrollierte, strenge Haltung. In der Mimik ist er hochkonzentriert und agiert mit wenigen Bewegungen.

4.4   Kurzbeschreibung der acht Haupttypen

Die Ausweitung der Potenzialanalyse auf acht Haupttypen ist der Psychologin Jolande Jacobi zu verdanken, die betonte, dass zwischen den vier Farbtypen Überschneidungen existieren. Ein Mensch kann zum Beispiel starke rote Anteile haben, aber auch deutlich gelbe Anteile. Jacobi spricht von Mischtypen. Dieser Ansatz wird der Komplexität der menschlichen Persönlichkeit gerecht und drückt sich aus in der bereits angesprochenen Begrifflichkeit: Initiator, Motivator, Kommunikator, Berater, Unterstützer, Koordinator, Analytiker und Organisator. Dabei zählen

- der Initiator (rot), der Kommunikator (gelb), der Unterstützer (grün) und der Analytiker (blau) zu den Basistypen und
- der Motivator (rot-gelb), der Berater (gelb-grün), der Koordinator (grün-blau) und der Organisator (blau-rot) zu den Mischtypen.

4.4.1   Der rote Initiator

Den Initiator kennzeichnen seine Unabhängigkeit, seine Energie, sein forderndes Verhalten, seine Direktheit, seine Vorliebe für Konkretes, seine Zielstrebigkeit und seine Fähigkeit, schnelle Entscheidungen zu treffen. Schwierigkeiten spornen ihn an. Er weiß, was er will, und bekommt es auch. Mit Beharrlichkeit versucht er, seine Ziele zu erreichen. Er liebt es, zu handeln und zu gewinnen. Er arbeitet gern unter Druck, sucht nach dem Ungewöhnlichen und ist risikofreudig. Er gibt nicht schnell auf. Wenn er fällt, steht er als Kämpfernatur rasch wieder auf.

Er erwartet von anderen, dass sie seine Autorität anerkennen. Ohne Herausforderungen langweilt er sich schnell, denn ein Leben ohne sie bedeuten Routine, Langsamkeit und Monotonie. Probleme löst er mit Logik. Er möchte sich weder mit Kontrolle noch mit Überwachung oder Detailfragen auseinandersetzen. Er zieht das Fällen von Entscheidungen und das Handeln dem Nachdenken vor, das Risiko der Vorsicht, Resultate der Prozessanalyse. Diplomatie gehört nicht zu seinen Stärken. Er will, dass es funktioniert, dabei ist es ihm unwichtig, wie dies geschieht.

Andere Menschen und sich selbst beurteilt er aufgrund der Resultate. „Effizienz" ist eines seiner Lieblingswörter. Er stellt hohe Anforderungen an sich selbst und andere und kann sehr kritisch sein, wenn seine Ansprüche nicht erfüllt werden. Er fühlt sich unverletzbar und fürchtet sich davor, seine eigenen Schwächen zu entdecken. Er wird oft als Individualist, selbstfokussiert und gefühllos wahrgenommen.

Der rote Initiator im Überblick	
Grundhaltung	Charakterstärke, Resultate
Ziele	Dominanz, Unabhängigkeit, Herausforderungen
Beurteilt andere aufgrund	Fähigkeit, leistungsfähig und unabhängig zu sein
Beeinflusst andere durch	Charakterstärke, Zielstrebigkeit
Stärken und Talente	Fantasie, Ergebnisorientierung, Initiative, Sinn für Dringendes
Schwächen	Ungeduld, Individualismus, zu herausfordernd
Reagiert auf Druck	autoritär, kämpferisch, logisch, unflexibel
Befürchtungen	Langsamkeit, Routine, Kontrollverlust, Angst davor, ausgenutzt zu werden, zu viel Nähe, Niederlagen
Wenn er seine Potenziale mehr nutzen würde, hätte er mehr	Geduld, Sorge um andere, Bescheidenheit, Bewusstsein, dass auch er sich täuschen kann

4.4.2 Der rot-gelbe Motivator

Der intuitive Typ wird als einzigartig und unersetzbar wahrgenommen, aber auch als schwer fassbar. Er ist rational und gefühlvoll, er interessiert sich für Resultate und auch für Personen. Hochgesteckte Ziele ängstigen ihn nicht, er liebt das Risiko. Er mag die Tatkraft, die Herausforderung, den Sieg und das Arbeiten unter Druck. Andererseits liebt er menschliche Kontakte, in denen er Anerkennung findet. Er agiert mit Enthusiasmus und möchte innovativ sein, voranschreiten und das Interesse der anderen für seine Projekte und sich wecken. Er beeinflusst sein Umfeld durch seinen Optimismus, sein Charisma und seine Dynamik. Dies verschafft ihm eine Machtposition und Anerkennung. Er stellt sich oft allzu sehr in den Vordergrund.

Herausforderungen sind für ihn von großer Bedeutung. Seine Suche nach dem Neuen und Unerwarteten, seine Lust auf Veränderung und seine Abneigung gegen Details führen zur Ablehnung jeglicher Routine. Er schätzt Abwechslung in seinen Tätigkeiten und hat das Bedürfnis, mehrere Projekte gleichzeitig zu verfolgen. Er kann in seinem Umfeld Zustimmung dafür hervorrufen. Nimmt ein Projekt konkretere Formen an, ist es möglich, dass er das Interesse daran verliert.

Er ist wenig bodenständig und hat keinen Sinn für Konkretes. Er sucht nicht nach rationaler Ordnung, da diese ihn zu sehr einschränkt. Er hat eher die Tendenz, sie zu vermeiden, denn er mag Monotonie und den Status quo überhaupt nicht. Er fühlt sich besonders in einem sich ständig verändernden Umfeld wohl. Er läuft Gefahr, andere nur in Hinsicht auf sich selbst zu motivieren, und ihre Art zu wenig zu berücksichtigen, was ihn als egoistisch erscheinen lässt.

Der rot-gelbe Motivator im Überblick	
Grundhaltung	Enthusiasmus, Kommunikation, Zielstrebigkeit
Ziele	Position und Macht, Anerkennung, Innovation
Beurteilt andere aufgrund	Fähigkeit, voranzugehen
Beeinflusst andere durch	Seinen Optimismus im Zusammenhang mit Projekten, sein Charisma, seine Dynamik
Stärken und Talente	Innovativ, liebt es, Projekte zu initiieren und zu verfolgen, indem er andere motiviert, ihre Ziele zu erreichen
Schwächen	Spricht in einem Ton, der keinen Widerspruch duldet
Reagiert auf Druck	Ungeduldig, herausfordernd, gelangweilt
Befürchtungen	Routine, Monotonie
Würde er seine Potenziale mehr nutzen, hätte er mehr	Kontrolle und Führung, Verständnis der Prozesse, Entschleunigung

4.4.3 Der gelbe Kommunikator

Auffällig sind seine Geselligkeit, seine Mitteilsamkeit und sein Optimismus. Er mag es, ohne Regeln zu kommunizieren. Gern stellt er sich in den Mittelpunkt und zieht Sympathien auf sich, da er fröhlich ist und mit seinem Enthusiasmus andere ansteckt. Er sieht meistens die guten Seiten von Personen und Situationen und macht sich schnell Freunde. Zu seinen Qualitäten gehören seine Geselligkeit, seine Vitalität, seine Originalität sowie seine Fähigkeit, in angespannten Situationen die Atmosphäre zu lockern und Personen zu beruhigen. Pessimistische Personen bringen ihn aus dem Konzept. Er weiß immer eine originelle Anekdote zu erzählen, um daran zu erinnern, wie schön das Leben ist. Er vertraut auf seine kommunikative Kontaktfähigkeit und sein Improvisationstalent. Was nicht in Bewegung ist, langweilt ihn schnell. Er mag weder die Routine noch den Status quo.

In Beziehungen ist er gefühlvoll. Das Gefühlvolle dient ihm oft auch zur Selbstdarstellung. Sein Streben richtet sich auf Freiheit und Spaß, nicht auf Konformität und das Einhalten von Regeln. Er ist eher ein Rebell und lehnt sich gegen jede Form von Autorität auf. Er hält sich lieber an seine eigenen Regeln, die mit seiner Suche nach Spaß vereinbar sind. Andere beneiden ihn um seinen Optimismus, seine Spontaneität und seine Fähigkeit, von ausgetretenen Pfaden abzuweichen.

Wenn er auf die nüchterne Realität trifft, fühlt er sich nicht wohl. Was rational geordnet erscheint, mag er nicht. Daher kann es sein, dass er die Notwendigkeit von Zielen, Resultaten und Strukturen zu wenig beachtet. Er läuft Gefahr, sich zu sehr in den Mittelpunkt seiner Überlegungen zu stellen.

Der gelbe Kommunikator im Überblick	
Grundhaltung	Möchte mit Freude, aber ohne Regeln kommunizieren
Ziele	Populär sein, geschätzt werden, Originalität
Beurteilt andere aufgrund	Fähigkeit, sich verbal und gestisch ausdrücken zu können
Beeinflusst andere durch	Lob und Gefälligkeiten

Der gelbe Kommunikator im Überblick	
Stärken und Talente	Baut Spannungen ab, ermutigt sich und andere, verleiht seinen Gefühlen Ausdruck
Schwächen	Zu viel Optimismus
Reagiert auf Druck	Unüberlegt, unorganisiert, zu selbstsicher
Befürchtungen	Selbstwert und soziale Akzeptanz verlieren
Würde er sein Potenzial nutzen, hätte er (ein) bessere/s	Zeitmanagement und Kontrolle über seine Gefühle, Objektivität

4.4.4 Der gelb-grüne Berater

Seine hervorstechenden Eigenschaften sind seine Menschlichkeit und sein Gefühlsleben. Er hat ein inneres Gespür für andere Personen und sich, kann aber auch extravertiert sein und gut kommunizieren. Er hört geduldig zu und findet die passenden Worte, um eine Situation zu entschärfen oder eine Person zu beruhigen. Er kann sich originell, mitteilsam und optimistisch zeigen, zugleich aber methodisch und reserviert vorgehen. Da er sensibel ist und zuhören, beraten und motivieren kann, liebt er es, harmonische Beziehungen zu gestalten.

Die Zukunft und die sich bietenden Möglichkeiten interessieren ihn ebenso sehr wie das Hier und Heute. Für ihn heiligt der Zweck nicht die Mittel, denn Menschen sind in seinen Augen wichtiger als Zahlen, Ziffern und Organigramme. Andere fragen ihn häufig um Rat, da er gut zuhören kann und Lösungsvorschläge diskret vorbringt.

Er liebt die Gesellschaft und Feste, braucht aber manchmal auch die Einsamkeit. Seine Toleranz und seine Suche nach Harmonie führen dazu, dass er die nüchterne, rationale und harte Seite der Realität vernachlässigt, da sie ihm zu faktenbezogen erscheint. Alles, was ihm strukturiert und organisiert erscheint, mag er wenig. Die Notwendigkeit von Zielen und Resultaten, von Regeln und Strukturen beachtet er kaum. Muss er Entscheidungen treffen, kann er sich unwohl fühlen, denn er möchte, dass alle zufrieden sind.

Seine Aversion gegen Konflikte kann so weit führen, dass er ihnen ausweicht. Er schenkt sich selbst nicht die nötige Aufmerksamkeit, was ihn zuweilen als zu nachlässig erscheinen lässt. Es kann sein, dass er eine gegebene Situation zu wenig beachtet, wobei er auf andere wirklichkeitsfern wirkt.

Der gelb-grüne Berater im Überblick	
Grundhaltung	Verständnis, Geselligkeit
Ziele	Nähe, Spannungen verringern, gesellig sein
Beurteilt andere aufgrund	Menschlichkeit
Beeinflusst andere durch	Hilfsbereitschaft, Ratschläge
Stärken und Talente	Konstanz, man kann auf ihn zählen, Ernsthaftigkeit
Schwächen	Zu viel Toleranz
Reagiert auf Druck	Willenlos, nachtragend, mit Rückzugstendenz
Befürchtungen	Konflikte, zu starker Druck
Würde er sein Potenzial nutzen, würde er	Sich selbst mehr einbringen, klare Aussagen machen, rationaler sein

4.4.5 Der grüne Unterstützer

Auffällig sind seine Sensibilität, seine Empathie, seine freundliche und reservierte Stabilität, seine Geduld, seine moderate Grundhaltung und seine Fähigkeit, anderen Menschen zu helfen. Er kann gut zuhören und hat Teamgeist. Er geht sensibel, methodisch und vorsichtig vor. Er geht keine Risiken ein, was ihn zu einer zurückhaltenden und vertrauenswürdigen Person macht. „Vertrauen", „Loyalität" und „Treue" gehören zu seinen Lieblingswörtern. Sein Bedürfnis nach Harmonie lässt ihn beharrlich nach einem Konsens oder Kompromiss suchen. Sein intensives Gefühlsleben spielt sich in seinem Inneren ab. Allzu lebhafte Personen und Situationen mag er nicht, er bevorzugt innere und äußere Stille. Darum wird er oft als gleichgültiger, misstrauischer und faktenbezogener Mensch wahrgenommen.

Er will einen sicheren Weg ohne Überraschungen einschlagen. Eine seiner Schwächen ist das Entscheiden, denn er fürchtet sich vor

Konflikten, die daraus resultieren könnten. Alles, was die Stabilität in Gefahr bringen könnte, lähmt ihn. Er zieht eine Routine, die ihm Sicherheit gibt, jeder Veränderung vor. Druck hält er nur schlecht aus, er hat Mühe, Prioritäten zu setzen, denn ihm ist alles gleich wichtig. Er hat manchmal Mühe, sich durchzusetzen.

Für ihn zählt der Mensch mehr als jede Statistik. Er kann gut zuhören und unterbreitet Lösungsvorschläge diskret, aber doch mit Begeisterung. Die Sehnsucht nach Harmonie führt dazu, dass er die nüchterne Realität zuweilen zu wenig berücksichtigt. Die Notwendigkeit von Zielen und Resultaten sowie von Regeln und Strukturen sieht er selten ein. Er läuft Gefahr, sich selbst zu wenig zu beachten, was ihn nachlässig erscheinen lässt.

Der grüne Unterstützer im Überblick	
Grundhaltung	Gemäßigt, Fähigkeit, sich anzupassen
Ziele	Harmonisierung des Umfeldes, Veränderungen minimal halten
Beurteilt andere aufgrund	Menschlichkeit, Treue, Stabilität
Beeinflusst andere durch	Ausgeglichenheit, Freundlichkeit
Stärken und Talente	Kann konstanten Rhythmus halten, respektiert Autoritäten, macht Konfrontation zu etwas Positivem
Schwächen	Mag keine Risiken, passiver Widerstand dagegen
Reagiert auf Druck	Unterordnung gegenüber Autoritäten, hartnäckig, gleichgültig
Befürchtungen	Veränderungen, Chaos
Würde er sein Potenzial nutzen, hätte er mehr	Selbstsicherheit, Innovationskraft, Bestimmtheit

4.4.6 Der grün-blaue Koordinator

Er besitzt die Fähigkeit, sehr präzise zu sein, dies lässt ihn diskret und vertrauenswürdig erscheinen. Er strebt danach, alles zu überprüfen. Das ist seine Art, mit seiner doppelten introvertierten Seite (rational und gefühlvoll) umzugehen. Seine Fähigkeit, den Tatsachen und den Gefühlen anderer Beachtung zu schenken, kann bereichernd und schwierig zugleich sein. Er liebt es, Personen und Funktionen zu koordinieren, und möchte nüchtern überprüfen, ob Tatsachen wirklich korrekt sind. Als gerechtigkeitsliebender Mensch vermittelt er anderen durch seine Objektivität, Vorsicht sowie Diplomatie und Sicherheit. Er hat das Bedürfnis, gebraucht zu werden und sich in einem sicheren Umfeld zu bewegen. Er kann gut zuhören, hat Teamgeist und achtet auf Feinheiten. Er geht mit Methode, Strenge, Vorsicht und Konstanz vor. Er arbeitet, ohne große Risiken einzugehen. Es kann ihm Mühe bereiten, Druck und Konkurrenz auszuhalten und andere zu führen.

Seine Beharrlichkeit, seine Disziplin, seine Konventionalität und seine Sorge um Details können dazu führen, dass er Chaos, Innovationen, Konflikte und plötzliche Veränderungen fürchtet. Mit großer Ausdauer, Geduld und Gewissenhaftigkeit sucht er nach rationaler Ordnung und gefühlsmäßiger Harmonie. Er hat Mühe, sich nach außen zu öffnen, und ist reserviert, geduldig, aufmerksam und loyal. Seine Reserviertheit wird oft als rigider Konservativismus wahrgenommen.

Sein Wille nach Präzision führt dazu, dass er gern Menschen und Prozesse koordiniert. Dabei könnten andere denken, es mangle ihm an Originalität, Fantasie und Begeisterungsfähigkeit. Er läuft Gefahr, anderen und sich selbst nicht die notwendige Beachtung zu schenken – so glaubt man, er sei übermäßig regelorientiert und rational oder auch zu nachgiebig.

Der grün-blaue Koordinator im Überblick

Grundhaltung	Loyalität und Werte
Ziele	Korrekt zu sein
Beurteilt andere aufgrund	Ihres nüchternen Realismus
Beeinflusst andere durch	Rationale und gefühlsmäßige Verlässlichkeit
Stärken und Talente	Definiert, klärt, sammelt Information, ist kritisch und überprüft
Schwächen	Zu reserviert
Reagiert auf Druck	Schikaniert andere
Befürchtungen	Extravertierte Übertreibungen, irrationale Handlungen
Würde er sein Potenzial nutzen, wäre er/könnte er	Vertrauensvoller, enthusiastischer, Veränderungen besser akzeptieren

4.4.7 Der blaue Analytiker

Rigorosität, Ernsthaftigkeit, Regelkonformität, Präzision und die Fähigkeit, mit großer Klarheit zu analysieren – das sind die elementaren Eigenschaften dieses Typs. Auf Personen und Situationen geht er mit Diplomatie, rational und organisiert ein. Seine kreative Ader speist sich aus dem Einhalten von Verfahrensweisen und Gesetzen. Es ist ihm wichtiger, Prozesse zu analysieren als Resultate zu erzielen. Er hat die Fähigkeit, mit großer Objektivität an die Dinge heranzugehen. Kalkulierte Risiken geht er mit Vorsicht und Überlegung ein. Entscheidungen fällt er erst, nachdem er alle benötigten Informationen zusammengetragen hat, wobei ihn seine Informationssammelwut, sein Perfektionismus und sein hoher Qualitätsanspruch zuweilen blockieren.

Er schätzt ein stabiles, klar definiertes und strukturiertes Umfeld, in dem er präzise Anweisungen erhält. Gleichzeitig sucht er in diesem Umfeld abwechslungsreiche Tätigkeiten, die ihn motivieren. Plötzliche Änderungen schätzt er nicht. Seine Disziplin und Konventionalität sowie seine Besorgnis um Details führen dazu, dass er sich vor Chaos und Neuerungen, vor Konflikten und plötzlichen Veränderungen fürchtet. Er hat Mühe, sich nach außen zu öffnen. Dinge, die ihm unorganisiert erscheinen, etwa Emotionen, lehnt er ab.

Sein Streben nach Perfektion, sein Wunsch, alle Alternativen minutiös zu prüfen, bevor er die richtige Entscheidung fällt, können dazu führen, dass er sich in zwischenmenschlichen Beziehungen unwohl fühlt. Übertriebener Gefühlsmäßigkeit gegenüber zeigt er sich kritisch, er schützt sich durch starke Rationalität. So läuft er Gefahr, anderen nicht genügend Beachtung zu schenken. Oft wirkt er übermäßig pragmatisch und regelorientiert.

Der blaue Analytiker im Überblick	
Grundhaltung	Dinge mit Ernsthaftigkeit und regelkonform erledigen
Ziele	Exaktheit, Vorhersehbarkeit, Bedürfnis, zu verstehen
Beurteilt andere aufgrund	Fähigkeit, qualitativ hochwertige Arbeit zu leisten
Beeinflusst andere durch	Logische Argumente, Fakten

Der blaue Analytiker im Überblick	
Stärken und Talente	Strebt Qualität an, wenig Emotionalität, sucht nach logischen Lösungen
Schwächen	Analysen und Tests, veraltete Methoden
Reagiert auf Druck	Ängstlich, perfektionistisch, übervorsichtig
Befürchtungen	Sich lächerlich zu machen, plötzliche Veränderungen, Chaos
Würde er sein Potenzial nutzen, wäre er	Flexibler, verständnisvoller gegenüber anderen, enthusiastischer

4.4.8 Der blau-rote Organisator

Die auffälligsten Eigenschaften sind seine Denk- und Analysefähigkeit sowie die Fähigkeit, zu handeln und dabei konkrete Ergebnisse zu erzielen. Zudem kann er Probleme analysieren und sichere Entscheidungen fällen, wobei er die Risiken bedenkt. Er strebt stets Perfektion an. Seine Fähigkeit, sowohl der Handlung und Überlegung als auch den Ergebnissen und dem Prozess Beachtung zu schenken, ist die Grundlage für seine Stärken und Schwächen. Er kann sehr schnell sein und dennoch große Vorsicht walten lassen. Sein Unterscheidungsvermögen lässt ihn in den Bereichen Strategie und Organisation kompetent erscheinen. Er zeigt manchmal einen Realismus, der ihn zum Pragmatiker macht. Andererseits kann er sich auf seine Intuition verlassen.

Er zeichnet sich durch die Kunst aus, Regeln festzulegen und aufrechtzuerhalten. Selbst unter Druck bewahrt er einen kühlen Kopf. Neuerungen wagt er, indem er Regeln einhält und etablierte Verfahrensweisen nicht missachtet. Er fühlt sich wohl, wenn er Probleme analysieren kann und für konkrete Ergebnisse gelobt wird. Sein beharrliches Bestehen auf Qualität und Ergebnisse lassen ihn häufig als perfektionistisch und kritisch erscheinen. Durch seinen Wunsch, alle Alternativen rational zu prüfen, bevor er eine Entscheidung fällt, fühlt er sich in Beziehungen oft unwohl. Diese bringen ihn aus dem Konzept, da es beim zwischenmenschlichen Kontakt keine Regeln gibt, auf die er sich sicher stützen könnte.

Unorganisiertes und Emotionalität sind ihm nicht geheuer. Oft erhebt er sich zum Richter über sich und andere. Dabei kann es passieren, dass er seine persönliche Machtposition ausnutzt, um andere zu dominieren. Er kann Regeln und Verfahrensweisen dazu benutzen, um sich selbst zu schützen, was ihn als sehr pragmatisch und regelorientiert erscheinen lässt.

Der blau-rote Organisator im Überblick

Grundhaltung	Umsetzung kreativer Lösungen
Ziele	Kampf um Perfektion
Beurteilt andere aufgrund	Leistung
Beeinflusst andere durch	Leistung und Perfektion
Stärken und Talente	Erwägt alle Alternativen, bevor er Entscheidung trifft, unparteiisch, minutiös
Schwächen	Zu kritisch
Reagiert auf Druck	Scharf und herrisch
Befürchtungen	Unorganisiertes, Irrationales
Würde er sein Potenzial nutzen, hätte er	Mehr Toleranz und Verständnis für die Arbeitsweise von anderen

---

4.5 Das Potenzial-Rad und der Beginn der Abenteuerreise

Durch die Beschreibung der vier Farb- und acht Haupttypen haben Sie bestimmt schon ein gutes Gespür für die Einschätzung Ihrer Potenziale und Ihrer Persönlichkeit sowie der Potenziale und Persönlichkeit anderer Menschen gewonnen. Aber natürlich gilt: Die volle Wirkung und Leistungsfähigkeit entfaltet die Potenzialanalyse erst, wenn eine Person – eine Bewerberin oder ein Bewerber, eine Mitarbeiterin oder ein Mitarbeiter oder Sie selbst – den AECdisc®-Fragebogen ausfüllt und auf dieser Grundlage einen Bericht oder Report erhält, in dem die Potenziale dieser Person in all ihren Facetten ausgeleuchtet werden.

Um Ihnen die Aussagekraft, die Leistungsfähigkeit und die Einsatzbereiche dieses Berichts zu veranschaulichen, schicken wir in den nächsten Kapiteln eine fiktive Person – nennen wir sie Paula

Paulsen – auf eine Reise zu ihren Potenzialen. Dabei siedeln wir Paula auf dem AECdisc® Potenzial-Rad auf der Position „12" an – sie ist eine rot-gelbe Motivatorin. Schritt für Schritt lernt Paula Paulsen die Ergebnisse ihrer Potenzialanalyse mit all ihren Implikationen kennen: allgemeine Eigenschaften, natürliches und angepasstes Verhalten, Talente und Stärken, Kommunikationsstil, Komplementärtyp, Selbst- und Fremdwahrnehmung, Motivation, verbesserungswürdige Bereiche und vieles mehr. Beachten Sie dabei stets:

> Es handelt sich um eine Musteranalyse zu jener Position „12" auf dem Potenzial-Rad. Mithilfe der Potenzialanalyse ist es möglich, zu jeder der 68 Positionen und darüber hinaus zu vielen weiteren Kombinationsmöglichkeiten solch eine Musteranalyse zu erstellen.

Die Berücksichtigung jeder möglichen Kombination würde in über 20.000 Potenzialanalysen münden. Da dies wenig hilfreich wäre, um sich selbst und andere besser zu verstehen, wurde eine Beschränkung auf etwa 300 Analysen vorgenommen. Falls Sie für sich selbst eine Potenzialanalyse erstellen lassen wollen, erhalten Sie über diesen QRC einen kostenfreien Testzugang und können einen entsprechenden Test absolvieren. Sie erhalten von uns Ihre persönliche Musteranalyse.

QRC einbauen:

Handlungsempfehlungen

- Empfehlung 1: Beschäftigen Sie sich mit den verschiedenen Möglichkeiten der Potenzial- und Persönlichkeitsanalysen.
- Empfehlung 2: Prüfen Sie insbesondere, ob und inwiefern die AECdisc® Potenzialanalyse für Ihre Zwecke geeignet ist.
- Empfehlung 3: Machen Sie sich mit den Beschreibungen der vier Farb- und der acht Haupttypen vertraut.
- Empfehlung 4: Nutzen Sie unser Angebot und lassen Sie sich Ihre persönliche Musteranalyse zusenden.

Literatur

Skazel, R., & Thiemann, D. (2019). *Verkaufskompetenz Mensch. Gewinnerstrategien für Top-Verkäufer. Anleitung zum persönlichkeitsorientierten Verkauf.* BoD.

5

Bevorzugte Verhaltensweisen: „Wer bin ich?"

Darum geht es in diesem Kapitel

Die Potenzialanalyse erhebt nicht den Anspruch, das Wesen eines Menschen vollständig zu erfassen und zu beschreiben. Der auf der Grundlage der Potenzialanalyse erstellte Report ist eine Orientierungshilfe, die es einer Person ermöglicht, sich selbst besser kennenzulernen und zu verstehen. Darum empfiehlt es sich, die Analyseergebnisse mit einem persönlichen Berater zu besprechen. Zudem erhalten Unternehmen, Personalentscheider und Führungskräfte wichtige Informationen über einen Menschen, den sie entweder einstellen oder so führen wollen, dass er bestmögliche Leistungen erbringt.

© Der/die Autor(en), exklusiv lizenziert an Springer Fachmedien Wiesbaden GmbH, ein Teil von Springer Nature 2024
D. Thiemann und R. Skazel, *Persönlichkeitsdiagnostik: Entdecke die Potenziale mit der AECdisc® Analyse*, https://doi.org/10.1007/978-3-658-43260-7_5

5.1 Paula Paulsens Persönlichkeitsbeschreibung: Die spezifischen Eigenschaften des natürlichen Stils

Die Analyseergebnisse geben Aufschluss über das natürliche Verhalten eines Menschen, also den natürlichen Stil auch von Paula Paulsen. Bekanntlich hat die Analyse ergeben, dass sie zu den rot-gelben Motivatorinnen gehört. Sie weiß nun, dass sie gern spontan handelt und dabei am liebsten sofort Ergebnisse sieht, wobei sie sich nicht scheut, dafür Risiken einzugehen. Ihre Mitmenschen werden sie mit einiger Wahrscheinlichkeit als einen pragmatischen und wagemutigen Menschen sehen. Das heißt: Paula Paulsen erkennt mithilfe der Potenzialanalyse auch, wie andere Menschen sie wahrnehmen. Und selbst wenn dies nicht immer mit ihrer wahren Persönlichkeit übereinstimmt, ist es trotzdem wichtig, dass sie sich dieser Fremdwahrnehmungen bewusst ist.

Paula ist eine extravertierte Persönlichkeit. Struktur, Planung und Organisation sind für sie eher zweitrangig. Sie hat eine Vorliebe für alles, was vielseitig, dynamisch und inspirierend ist, wodurch sie möglicherweise etwas sprunghaft auf ihre Mitmenschen wirkt. Sie nimmt gern anspruchsvolle Herausforderungen an, wenn es um die Verwirklichung ihrer Ziele geht. Dabei neigt sie dazu, sich für unbezwingbar zu halten. Sie hat eine beeinflussende und kontaktfreudige Seite und strebt nach Unterhaltung und Freude. Außerdem verfügt sie über eine ansteckende Begeisterungsfähigkeit. Sie kann sehr gesellig wirken.

Paula hat eine sehr aus sich herausgehende, begeisterungsfähige, kommunikative und emotionale Art und kann die Stimmung ihrer Mitmenschen durch ihre Ausstrahlung aufhellen. Sie ist optimistisch und mag Abwechslung und Vielfalt.

Sie kann problemlos in verschiedenen Projekten arbeiten und leicht zwischen den Projekten hin- und herwechseln. Zudem verfügt sie über eine große schöpferische und übersprudelnde Spontaneität, die sich nicht mit Details aufhält und sie besonders originell wirken lassen kann. Sie nimmt Regeln und feste Verfahren eher locker und ist fähig, die bestehende Ordnung infrage zu stellen – darum wird sie zuweilen als Revolutionärin empfunden.

Paula hat ein bestimmendes, direktes und herausforderndes Temperament, das sich nicht allzu sehr mit sentimentalen Feinheiten aufhält. Konflikte machen ihr keine Angst. Sie tut sich manchmal schwer damit, anderen Menschen ihre volle Aufmerksamkeit zu schenken und sich in sie hineinzuversetzen. Ihr Umfeld kann sie dann als einen etwas dominanten und nüchternen Menschen empfinden.

> Paula Paulsens Persönlichkeitsbeschreibung eröffnet ihr einen ungeschminkten, ehrlichen und differenzierten Blick auf sich selbst. So kann sie ihr Selbstmanagement optimieren. Zugleich sind Aussagen über ihr Verhalten im Unternehmen und im Team möglich, was wichtig ist für die Art und Weise, wie sie geführt werden möchte und geführt werden sollte. Im Recruitingprozess kann ein Personaler die Einschätzung vornehmen, ob sie ins Unternehmen passt, ob sie für die vakante Position geeignet ist und welche Rolle sie in einem Team übernehmen und spielen könnte.

Das zeigen die weiteren Ergebnisse der Analyse in aller Deutlichkeit: Paula Paulsen zeichnet sich durch eine intuitive Herangehensweise aus – darum entwickelt und fördert sie Projekte, indem sie sich auf ihre Intuition stützt. Sie kann laut Analyse ein unverzichtbarer Bestandteil jedes Unternehmens sein. Allerdings kann es auch sein, dass sie aufgrund ihrer Persönlichkeit nicht leicht zu führen ist.

Sie liebt Herausforderungen und Abwechslung und gleichzeitig das Vergnügen. Hohe Zielsetzungen machen ihr keine Angst, dabei hat sie keine Probleme damit, unter Druck zu arbeiten. Klar ist: Das könnte Paula Paulsen für bestimmte Tätigkeiten und Positionen im Unternehmen prädestinieren. Das gilt auch für die weiteren Ausführungen: Sie weiß, was sie will, gibt nicht so leicht auf und erreicht ihre Ziele meistens. Durch ihren Enthusiasmus und ihre Kommunikationsfähigkeit setzt sie sich gern für Veränderungen ein, fördert innovative Projekte und weckt bei anderen Menschen das Interesse für diese Projekte. Denn sie beeinflusst und begeistert ihre Mitmenschen durch ihren Optimismus, ihr Charisma und ihre Dynamik. Das sind gute Voraussetzungen, um Führungsverantwortung zu übernehmen und in eine Führungsposition hineinzuwachsen. Allerdings hat sie auch die Tendenz, sich allzu sehr in den Vordergrund zu drängen.

Chancen und Möglichkeiten, die in der Zukunft liegen, reizen sie mehr als die gegenwärtige oder vergangene Realität. Ihr kreatives Wesen und das detaillierte Ausmalen ihrer Träume spornen sie an. Ihr Streben nach Abwechslung, nach Unvorhergesehenem und Neuem sowie ihr mangelndes Interesse an Details können dazu führen, dass ihr der angemessene Umgang mit Strukturen und Routinen schwerfällt. Sie bevorzugt abwechslungsreiche Tätigkeiten in einem geselligen Umfeld. Wenn sie nicht gleichzeitig mehrere Aufgaben oder Themen bearbeiten kann, langweilt sie sich schnell. Gerade wenn ein Projekt in die detaillierte Umsetzung geht, besteht die Gefahr, dass sie sich nicht mehr dafür interessiert und sich ein neues Thema sucht.

Schritt für Schritt erhält Paula Paulsen auf der Reise zu sich selbst immer profundere Einblicke in ihre Persönlichkeit – und das gilt auch für den Personaler, ihre derzeitige oder auch zukünftige Führungskraft. Paula Paulsen erfährt, dass sie eher kein realistischer Typ ist und nur wenig Sinn für das Konkrete und Offenkundige hat und das Gegenteil eines typischen Wissenschaftlers ist, der nur glaubt, was er sehen und anfassen kann. Sie strebt weder nach emotionaler Harmonie noch nach rationaler Ordnung, sondern neigt dazu, beides zu vermeiden, um Monotonie und Routine auszuweichen.

5.2 Diskrepanz zwischen natürlichem und angepasstem Stil

Wer sich mit Paula Paulsens Potenzialanalyse beschäftigt, erhält überdies Informationen über ihren angepassten Stil. Natürliches und angepasstes Verhalten, natürlicher und angepasster Stil: Was hat es damit auf sich?

Um dies anschaulich nachvollziehen zu können, bitten wir Sie, sich in die folgende Rolle zu versetzen: Sie haben Familie und Kinder und beschäftigen sich liebevoll mit diesen, werkeln mit Begeisterung an Ihrem Haus herum, suchen das intensive Gespräch mit Freunden und sind eher zurückhaltend und auf Harmonie bedacht. Zugleich sind Sie

Verkäufer mit hohen Zielvorgaben und üben einen verantwortungsvollen Job aus. Sie wissen, dass Sie in Ihrer Arbeit mit Ihrem auf Harmonie bedachten Stil Ihre Ziele wohl eher nicht erreichen werden und
Sie deswegen mehr Deutlichkeit und Strenge an den Tag legen müssen.
Darum gehen Sie mit mehr Härte, Entscheidungsfreude und Durchsetzungsfähigkeit zu Werke als es Ihrem Persönlichkeitstypus entspricht.

Diese Diskrepanz rührt daher, dass wir über einen natürlichen Stil
und einen angepassten Stil verfügen: Der natürliche Stil repräsentiert
unser privates Ich. Es ist der Teil unseres Verhaltens, den wir am wenigsten bewusst wählen. Es ist zugleich der Teil unseres Verhaltens, der am
wenigsten durch unsere Erwartungen, die Erwartungen anderer oder
unsere Wahrnehmung eines gewünschten Verhaltens – das also von uns
erwartet wird – beeinflusst wird. Deshalb verändert sich dieser Stil im
Laufe der Jahre kaum. Er beruht auf dem instinktiven Verhalten, das
aus unserer persönlichen Lebensgeschichte resultiert. Darum zeigen wir
diesen Stil auch in Stresssituationen.

Der angepasste Stil hingegen betrifft unsere soziale Rolle. Wir entwickeln ihn in Reaktion auf unser Umfeld. Wir präsentieren uns anderen
Menschen so, wie es angesichts des uns umgebenden Umfeldes angemessen erscheint. Deshalb kann dieser Stil Schwankungen unterliegen.
Wenn wir zum Beispiel den Arbeitsplatz wechseln und merken, dass
dort ein bestimmtes Verhalten von uns verlangt und erwartet wird, passen wir uns mit einiger Wahrscheinlichkeit an und folgen einem angepassten Stil. Es handelt sich um den Teil unserer Persönlichkeit, den wir
bewusst wählen und anderen zeigen wollen.

> Der natürliche Stil entspricht unserer wahren Persönlichkeit. Der ange-
> passte Stil beschreibt das öffentliche Ich, das wir als Reaktion auf unser
> Umfeld zeigen.

Der angepasste Stil kann zudem die Richtung angeben, in die sich
eine Person entwickeln möchte. Er ist daher der Teil unserer Verhal-
tensmöglichkeiten, der sich am ehesten verändert. Denn er wird durch
verschiedene Faktoren, etwa die beruflichen Anforderungen, die gesellschaftliche Umgebung, in der wir uns bewegen, oder auch die Kultur

beeinflusst. Er reflektiert das Verhalten, von dem wir glauben, dass wir es in bestimmten Situationen zeigen müssen, weil es von uns so erwartet wird. Das Problem: Von anderen wird dieses Verhalten als der augenscheinliche Teil unserer Persönlichkeit gewertet, weil wir ihn in unserer Umgebung und in unserem täglichen Tun wie selbstverständlich zeigen und leben.

Um es pointiert auszudrücken: Wer eigentlich ein harmoniesüchtiger Unterstützertyp ist, aber glaubt, sich im Verkaufsgespräch als knallharter und dominanter Initiator geben zu müssen, wird von seinem Umfeld auch so wahrgenommen. Fatale Folge: Unternehmen und Vorgesetzte erwarten, dass dieser Verkäufer im Kundenkontakt als dominanter Initiator auftritt und die Dinge im Griff hat. Es ist klar, dass dieser Konflikt zu Problemen führen muss, weil sich der Unterstützertyp ständig verbiegen und wider seine Natur handeln muss.

In der Konsequenz bedeutet das, dass es sich ein Unternehmen dreimal überlegen sollte, eine Person einzustellen, bei der es eine sehr große Diskrepanz zwischen natürlichem und angepasstem Stil gibt. Zum Glück jedoch ist es bei Bewerbern und Mitarbeitenden möglich, durch die Anwendung der Potenzialanalyse die Diskrepanz zwischen den Stilen zu analysieren und die entsprechenden Rückschlüsse zu ziehen.

Je näher der natürliche und der angepasste Stil beieinanderliegen und denselben Typ verkörpern, desto eher verhält sich eine Person so, wie sie wirklich ist. Bei Paula Paulsen ist der Unterschied nicht allzu groß: Während ihr natürlicher Stil auf Position 12 liegt, ist ihr angepasster Stil auf Position 11 angesiedelt (siehe Abb. 5.1). Und das finden bestimmt auch die Unternehmen gut, bei denen sie sich vielleicht bewerben wird! Zugleich wird sie sich so potenzieller Spannungen, die zwischen den Stilen auftreten könnten, rascher bewusst. Sie kann nun überprüfen, ob ihr angepasster Stil eher

- eine bewusste Erfolgsstrategie aus eigener Initiative ist, die durch ihr Umfeld ausgelöst wird, oder
- eine Überlebensstrategie darstellt, die sie unbewusst und unfreiwillig aufbaut, die aber ein Unwohlsein bei ihr auslöst.

Angepasster Stil : Initiator Position 11

Natürlicher Stil : Motivator Position 12

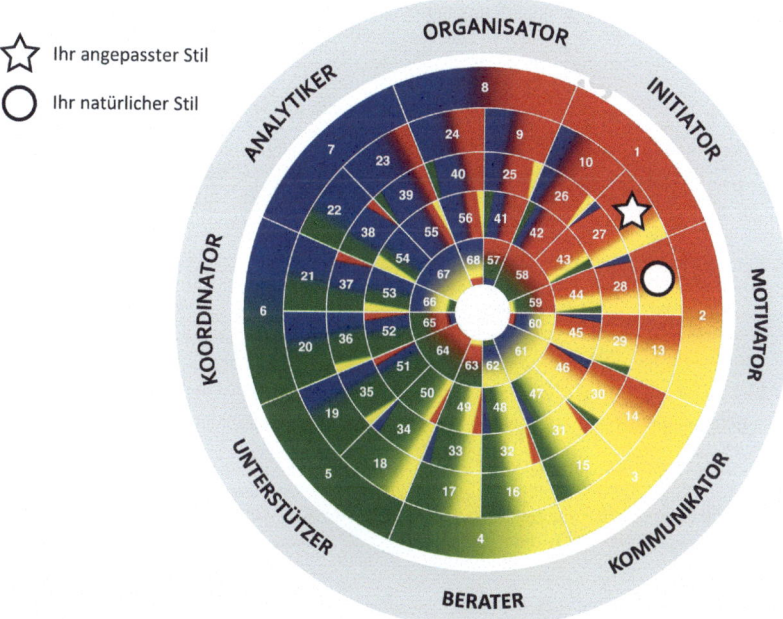

Abb. 5.1 Paula Paulsens natürlicher und angepasster Stil auf dem AECdisc® Potenzial-Rad

Handlungsempfehlungen

- Empfehlung 1: Analysieren Sie bei sich selbst oder bei anderen Menschen – etwa bei Bewerbern oder Mitarbeitenden –, um welchen Persönlichkeitstypus es sich handelt und wie sich der jeweilige natürliche Stil beschreiben lässt.
- Empfehlung 2: Beachten Sie die Diskrepanz zwischen dem natürlichen und dem angepassten Stil
- Empfehlung 3: Ziehen Sie die entsprechenden Konsequenzen aus der Analyse jener Diskrepanz zwischen den Stilen.

6

Talent- und Stärkenmanagement: „Über welche Stärken verfüge ich?"

Darum geht es in diesem Kapitel

Die Potenzialanalyse gibt Antworten auf die Frage „Welche Talente und Stärken habe ich, die ich für das Unternehmen einsetzen und nutzen kann?". Neben der Analyse der Talente und Stärken geht es um die Milderung der Schwächen – beide Seiten gehören zusammen. Entscheidend ist, die vorhandenen Talente und Qualitäten zu identifizieren, um überprüfen zu können, ob diese Qualitäten in der jetzigen Arbeitssituation gut eingesetzt werden können und wie sich ihr Einsatz optimieren lässt.

6.1 Paula Paulsens Talente und Stärken

Diesen Teil des Reports liest Paula Paulsen besonders erwartungsvoll und spannungsgeladen. Sie freut sich auf die Diskussion mit ihrem persönlichen Berater – immerhin geht es jetzt um ihre Talente und Stärken.

Die meisten Menschen tendieren dazu, den Fokus auf das zu legen, was nicht so gut funktioniert oder sogar schiefläuft. So sehen sie sich einer Unmenge an Herausforderungen gegenüber, die anscheinend kaum zu bewältigen sind. Das macht ihnen Angst und raubt Energie. Zielführender ist es, positive Energien freizusetzen, indem sie sich auf das, was funktioniert, und ihre Talente und Stärken konzentrieren.

Haben Sie schon einmal einen Test absolviert, in dem es um die Feststellung Ihrer Stärken und Schwächen, um Ihre Kompetenzen und Defizite ging? Vielleicht gehören auch Sie zu den Menschen, die sich erst einmal am unteren Ende der Skala informieren, in welchen Bereichen sie schlecht abgeschnitten haben. Wir fokussieren uns allzu oft auf unsere Schwächen und Defizite und übersehen dabei die zahlreichen Talente und Stärken, die auf der Rangskala des Testergebnisses oben angesiedelt sind und über den Defiziten thronen. Ryan M. Niemiec weist darauf hin, dass „Menschen ihre Schwächen eher als form- und veränderbar wahrnehmen als ihre Stärken und wiederum ihre Stärken als konstant ansehen (…). Menschen nehmen außerdem von ihren Schwächen an, dass sie sich verbessern, und haben daher einen stärkeren Wunsch danach, ihre Schwächen zu korrigieren und zu ändern." (Niemiec, 2019, S. 121).

Unserer Beobachtung nach hat die einseitige Zentrierung auf die Schwächen damit zu tun, dass bereits in Sozialisation, Erziehung und Schule zu häufig auf die Fehler geachtet wird. Eine eher negative Feedbackkultur lenkt die Aufmerksamkeit auf das, was nicht so gut klappt. Der Literaturkritiker Marcel Reich-Ranicki hat einst die Bücher „Lauter Verrisse" und „Lauter „Lobreden" geschrieben und in einem Interview angemerkt, es würden immer nur die „Verrisse" gekauft (Reich-Ranicki, 1999, S. 310). Vielleicht ist dies ein Indiz dafür, dass viele Menschen einseitig auf das Fehlerhaft-Negative fixiert sind. Und dazu zählen auch die Schwächen. Dazu passt, dass in der Schule die Fehler mit dem grellen Rotstift hervorgehoben werden, während die richtigen Lösungen und die starken Passagen im Aufsatz ohne diese Hervorhebung leben müssen.

Wie gesagt: Es ist zielführender, sich auf das, was funktioniert, und die Talente und Stärken eines Menschen zu konzentrieren. Natürlich sollte ein wichtiger Ansatzpunkt darin bestehen, im Einstellungsprozess und bei der konkreten Arbeit am Arbeitsplatz die Schwächen eines Menschen zu erkennen und abzumildern. Allerdings:

> Von noch größerer Bedeutung ist der ressourcen- und stärkenbasierte Ansatz. Bei diesem geht es primär darum, zuallererst auf die Talente und Potenziale, Fähigkeiten und Kompetenzen eines Menschen zu schauen und ihn dann seinen Potenzialen gemäß einzusetzen, ihn mithin eine Tätigkeit ausführen zu lassen, die ihm und seiner Persönlichkeit entspricht.

Gelingt dies nicht, droht die Gefahr, dass beide Seiten unzufrieden sind: Die Entscheider in den Unternehmen haben einen Mitarbeitenden eingestellt, der nicht die Leistungen und Arbeitsergebnisse erbringt, die die Entscheider angesichts seiner Fähigkeiten erwarten durften. Und der Mitarbeitende ist unglücklich und unzufrieden, weil er sich allzu oft mit Dingen beschäftigen muss, die ihm nicht liegen. Darum gilt es, sich von der Fixierung auf die Schwächen und Defizite zu lösen. Und genau das leistet eine Potenzialanalyse wie die AECdisc® Methodik. Schauen wir uns also die Talente und Stärken an, über die Paula Paulsen nach den Analyseergebnissen verfügt:

- Paula Paulsen sucht gern nach anspruchsvollen Herausforderungen, die sie anspornen. Sie liebt die Herausforderung und lässt sich gern auf Neues ein.
- Sie ist sehr entscheidungsfreudig und ergebnisorientiert und möchte in ihrer Tätigkeit die Ziele erreichen, die das Unternehmen ihr oder die sie sich selbst gesetzt hat.
- Sie liebt ambitionierte Herausforderungen und geht sie äußerst pragmatisch und mit hohem Umsetzungswillen an.
- Sie agiert wettbewerbsorientiert und scheut nicht den Vergleich mit zum Beispiel anderen Leistungsträgern, ja, sie sucht solche Vergleiche geradezu.
- Paula Paulsen verfügt über ein großes Selbstbewusstsein.
- Sie hat keine Angst davor, Konventionen zu brechen, falls sich dies als notwendig herausstellen sollte.
- Sie legt eine große Risikobereitschaft an den Tag.
- Sie ist sehr gesellig und kontaktfreudig.
- Paula Paulsen sprudelt oft über vor originellen Ideen und möchte ihre kreative Ader verwirklichen.

- Sie ist sehr spontan und verfügt über eine grundsätzlich optimistische Lebenseinstellung.
- Sie hat das Bedürfnis, Konflikte zu schlichten.
- Sie besitzt die Fähigkeit, gleichzeitig mehrere Tätigkeiten auszuüben.
- Paula Paulsen mag Mobilität und Flexibilität und lehnt jegliche Routine ab.
- Sie ist in der Lage, etwa bei Veränderungen rasch zu reagieren.

Dabei ist immer zu berücksichtigen: Verhaltensmuster sind stets kontextabhängig – die Durchsetzungsfähigkeit etwa des dominanten Typus, die eine Stärke ist, wenn das Team darum kämpfen muss, weitere Ressourcen zu erhalten, stellt eine Schwäche dar, wenn es darauf angewiesen ist, einen Kompromiss zu schließen. Und die emotionale Intelligenz des kommunikativ starken Teammitgliedes, das stets andere unterstützen will, trägt zwar zur Entstehung eines Teamgeistes bei, kann sich jedoch als Defizit erweisen, wenn es vorangehen soll und harte und schmerzhafte Entscheidungen getroffen werden müssen.

6.2 Das optimale Umfeld für den Einsatz der Stärken kreieren und finden

Die Aussagen zu Paula Paulsens Talenten, Stärken und Kompetenzen enthalten gleich mehrere Hinweise auf eine ihr angemessene Positionierung im Unternehmen. Das beginnt schon im Recruitingprozess: Sofern das Unternehmen über eine eindeutige Beschreibung des Tätigkeitsfeldes und ein Anforderungsprofil bezüglich der vakanten Position verfügt, ist ein Abgleich möglich, ob die Talente und die Stärken von Paula Paulsen zu dem Anforderungsprofil passen. Selbst Detailfragen zu ihrer Tätigkeit lassen sich jetzt besser beantworten. Es ist möglich, das Individuum Paula Paulsen und ihren Arbeitsplatz im Unternehmen punktgenau aufeinander abzustimmen. Paula Paulsen kann ihre Talente und Fähigkeiten im Idealfall zu 100 % an ihrem Arbeitsplatz einbringen. Und das Unternehmen profitiert zu 100 % von einer einsatzwilligen und motivierten Mitarbeitenden, die stolz und zugleich glücklich darüber ist, sich am Arbeitsplatz verwirklichen und entfalten zu können.

Damit nicht genug: Nehmen wir an, ein Unternehmen plant, ein Team aus möglichst unterschiedlichen Charakteren und Persönlichkeiten zusammenzusetzen, deren Mitglieder sich sowohl bezüglich der Kompetenzen und Fähigkeiten als auch bezüglich der Verhaltensweisen ergänzen sollen. Denn häufig ist es gerade die Unterschiedlichkeit in den Fähigkeiten, in der Persönlichkeit, den Einstellungen und Verhaltensweisen der Menschen, die es erlaubt, ein Team mit Menschen zusammenzustellen, die aufgrund ihrer Mentalität und ihres Charakters optimal zusammenarbeiten können. Denn wenn in einem Team nur machtbewusste und dominante Alphamännchen oder nur pedantisch-analytische Controller oder nur risikoscheue Koordinatoren, die jede Veränderung ablehnen, zusammenkommen, wird das mit hoher Wahrscheinlichkeit nicht lange gutgehen, sondern zu Konflikten führen, weil sich die Menschen zu ähnlich sind. Nicht immer, aber oft gilt:

> Unterschiedlichkeit wirkt belebend. Natürlich führt Heterogenität zuweilen auch zu Widerständen, Auseinandersetzungen, Spannungen und Konflikten. Aber meistens steigt die Leistungsfähigkeit des Teams, wenn sich die unterschiedlichen Verhaltensstile und die Kompetenzen der Teammitglieder auf eine sinnvolle Art und Weise ergänzen.

Mithilfe der Potenzialanalyse lässt sich feststellen, ob und inwiefern Paula Paulsen nicht nur zu einem Arbeitsplatz oder Tätigkeitsfeld, sondern auch zu einem Team oder in ein vorhandenes Teamgefüge passt. Ähnlich konstruktive Aussagen lassen sich für die Weiterbildung treffen: Das Unternehmen kann einen strategischen Entwicklungsplan für Paula Paulsen entwickeln (siehe dazu Thiemann & Skazel, 2022, insbesondere ab S. 108). Denn nun lassen sich nicht nur ihre Schwächen und Defizite bearbeiten, sondern vor allem auch – gemäß des ressourcen- und stärkenbasierten Ansatzes – ihre Talente und Stärken weiter ausbauen. Wenn sie eine höhere Position ein- und mehr Verantwortung übernehmen soll, ist sie aufgrund ihres Talents, gern anspruchsvolle Herausforderungen meistern zu wollen, prädestiniert dazu. Gleichzeitig sollte die Überlegung angestellt werden, inwiefern Schulungen und Weiterbildungsmaßnahmen helfen, das Talent, sich auf Neues einzulassen, noch weiter auszubauen, damit es ihr gelingt, eine verantwortungsvollere Position zu stemmen.

Das heißt: Die Potenzialanalyse bietet eine Entscheidungsgrundlage für die Beantwortung der Frage, ob Paula Paulsen beispielsweise an einem spezifischen Entwicklungs- und Talentpool teilnehmen soll, in den aufstiegswillige Mitarbeitende aufgenommen werden. Oder ob sie mithilfe funktionsübergreifender Trainings auf die Übernahme größerer Verantwortung – auch Führungsverantwortung – vorbereitet werden sollte. Gerade Top-Leute sind oft von sich aus motiviert, immer besser zu werden und immer mehr dazuzulernen.

Wiederum gilt:

> Der Nutzen der Ergebnisse der Potenzialanalyse ist ein beiderseitiger: Auch Paula Paulsen kann nun überprüfen, inwiefern ihr derzeitiges Umfeld es ihr ermöglicht, ihre Talente einzusetzen, zu entfalten und ihre Bedürfnisse zu befriedigen. Und bei einem Arbeitsplatzwechsel kann sie sich ein Umfeld suchen, das ihren Talenten entspricht und entgegenkommt.

Die Vorteilsliste ist damit noch nicht abgeschlossen. Was zuweilen zu wenig Berücksichtigung findet: Wenn ein arbeitsplatzsuchender Arbeitnehmer aufgrund der Potenzialanalyse über seine Talente dezidiert Bescheid weiß, ist es ihm gegeben, sich im Einstellungsprozess besser darzustellen und zu „verkaufen", weil er zum einen seine Stärken klar beschreiben kann. Zum anderen kann er dies in einem Wording tun, das ein Personaler nachvollziehen kann. Dieser gewinnt den Eindruck, der potenzielle Mitarbeitende habe sich exzellent auf den Einstellungsprozess vorbereitet und sei wirklich an der Stelle interessiert.

Die Potenzialanalyse erlaubt es dem Unternehmen und dem Mitarbeitenden, ein Umfeld festzulegen, das für den Einsatz der Talente der Paula Paulsen ideale Voraussetzungen mit sich bringt. Dasselbe gilt für ihre Bedürfnisse. Ihr ideales Arbeitsumfeld lässt sich mit den folgenden Umfeldfaktoren umschreiben:

- Sie benötigt ein besonders anspruchsvolles und herausforderndes Arbeitsumfeld, das ihrer fordernden Persönlichkeitsstruktur entgegenkommt und in dem sie sich „austoben" kann.
- Eine Evaluierung, die sich an Ergebnissen orientiert, hat positive Auswirkungen auf ihre Motivationslage.

- Durch das Umfeld ist es möglich, dass sie Verantwortung übernehmen kann und darf.
- Paula Paulsen kann aufgrund der Struktur ihres Umfeldes Probleme rechtzeitig erkennen und lösen beziehungsweise bei Krisen frühzeitig gegensteuern.
- Es hilft ihr, wenn sie sehr wenig auf zu befolgende Regeln und Verfahrensweisen achten muss und große Freiräume nutzen kann.
- Es tut ihr gut, wenn sie möglichst wenig Detailarbeit zu verrichten hat.
- Hilfreich ist die Möglichkeit, den Status quo, Regeln und Verfahren umschmeißen und auch einmal das Unmögliche versuchen zu können.
- Paula Paulsen liebt es, zahlreiche und verschiedenartige persönliche Kontakte zu knüpfen und wahrzunehmen.
- Es sollte gewährleistet sein, dass sie ihre Individualität auf eine originelle Weise ausdrücken kann.
- Sie benötigt große Bewegungs- und Handlungsfreiheit.
- Ein flexibler Arbeitsplatz unterstützt Paula Paulsen dabei, ihre kreativen und innovativen Bedürfnisse zu stillen, sich nicht in vorgegebenen Prozessen und Abläufen zu langweilen und sich kontinuierlich auf Neues einzulassen.
- Sie liebt Tätigkeiten und Arbeiten, bei denen mehrere Aufgaben gleichzeitig erledigt werden müssen.

Es wäre mithin kontraproduktiv, Paula Paulsen festgefügten, starren und unflexiblen Strukturen auszusetzen und sie eintönig-monotone Tätigkeiten ausüben zu lassen, die wenig Eigeninitiative und Engagement erfordern und bei denen sich erst mit großer Verzögerung messbare Ergebnisse erzielen lassen. Und selbstverständlich wäre es für sie selbst höchst unsinnig, einen Job anzustreben und einen Beruf zu ergreifen, bei dem keiner oder nur wenige der genannten Umfeldfaktoren verwirklicht sind.

Handlungsempfehlungen

- Empfehlung 1: Paula Paulsens Analyseergebnisse betreffen nur ihren Persönlichkeitstyp (Position 12 auf dem Potenzial-Rad, rot-gelbe Motivatorin). Jede andere Position führt zu einer eigenen und höchst individuellen Persönlichkeitsanalyse und Potenzialeinschätzung. Beschäftigen Sie sich intensiv und im Detail mit den jeweiligen Analyseergebnissen.
- Empfehlung 2: Nutzen Sie die Analyseergebnisse, um für sich selbst und die Mitarbeitenden ein ideales oder zumindest passendes Arbeitsumfeld zu schaffen und zu finden, das den angemessenen Einsatz und die freie Entfaltung der Talente und Stärken ermöglicht.

Literatur

Niemiec, R. M. (2019). *Charakterstärken. Trainings und Interventionen für die Praxis.* Hogrefe.

Reich-Ranicki, M. (1999). „Ich bedaure nichts". Spiegel-Gespräch. In: Der Spiegel 40/1999, S. 306–312.

Thiemann, D., & Skazel, R. (2022). *Top-Verkäufer. Die Kompetenzen der Besten. Der strategische Entwicklungsplan zum High-Performer.* Springer Gabler.

7

Kommunikationsstil: „Wie kommuniziere ich und welchen Kommunikationsstil sollte ich nutzen, um erfolgreich zu sein?"

Darum geht es in diesem Kapitel

Der auf der Potenzialanalyse beruhende Report erlaubt eine Beschreibung des Kommunikationsstils, den ein Mensch bevorzugt. So ist es auch Paula Paulsen möglich, ihre Wirkung auf andere Personen einzuschätzen und ihren Kommunikationsstil ihren Gesprächspartnern anzupassen. Und die Entscheider im Unternehmen haben die Möglichkeit, ihre Mitarbeitenden dort einzusetzen, wo deren Kommunikationsstil zum Beispiel der Verbesserung einer Geschäftspartnerschaft förderlich ist.

7.1 Den dominanten Kommunikationsstil einsetzen und pflegen

Wer den eigenen Kommunikationsstil oder den der Mitarbeitenden genau kennt und dessen Auswirkungen auf Gesprächspartner einschätzen kann, verfügt über zahlreiche Möglichkeiten, dieses Wissen für die Verbesserung zwischenmenschlicher Beziehungen zu nutzen. Das betrifft das Selbstmanagement, die Beziehung zwischen Mitarbeitenden

© Der/die Autor(en), exklusiv lizenziert an Springer Fachmedien Wiesbaden GmbH, ein Teil von Springer Nature 2024
D. Thiemann und R. Skazel, *Persönlichkeitsdiagnostik: Entdecke die Potenziale mit der AECdisc® Analyse*, https://doi.org/10.1007/978-3-658-43260-7_7

und Kunden, zwischen den Mitarbeitenden selbst und auch zwischen Führungskräften und Mitarbeitenden – dazu einige Beispiele:

Starten wir mit dem Selbstmanagement: Indem Paula Paulsen durch die Potenzialanalyse dezidierte Hinweise zu ihrem bevorzugten Kommunikationsstil erhält, weiß sie zum einen, welche Verhaltensmuster ihr helfen, ihre kommunikativen Stärken gezielt einzusetzen. Ihre durch den hohen gelben Anteil zielführende und ausgeprägte Kommunikationsfähigkeit unterstützt sie dabei, andere Menschen zu begeistern und zu motivieren. Zu empfehlen ist, dass sie diese Stärken ausbaut und den Kommunikationsstil wo immer möglich zum Einsatz kommen lässt, denn so wirkt sie authentisch und glaubwürdig. Wer seinen ureigenen und wesenhaften Kommunikationsstil pflegt, wird mit hoher Wahrscheinlichkeit keine Diskrepanz zwischen Wort und Tat, zwischen Sprache und Körpersprache an den Tag legen und darum sehr überzeugend agieren.

Auf der anderen Seite weiß Paula Paulsen nun, dass sie zuweilen allzu dominant und sogar aggressiv wirken kann, und damit einschüchternd. Es mag Situationen geben, in denen dies erwünscht und sinnvoll ist, aber manchmal auch kontraproduktiv, etwa im Gespräch mit sensibleren Zeitgenossen. Dann ist es richtig, wenn sie ihren bevorzugten Kommunikationsstil verlässt und sich der Situation und den Gesprächspartnern anpasst.

> Als rot-gelbe Motivatorin versteht es Paula Paulsen, voranzuschreiten und andere mit Enthusiasmus mitzureißen – es gilt, die dazugehörigen kommunikativen Fähigkeiten zu pflegen und die Nachteile (Überheblichkeit, autoritäres Auftreten, Rechthaberei) dieses Kommunikationsstils zu vermeiden.

7.2 Hinweise für den kommunikativen Umgang mit anderen Menschen

Die extravertierte Paula Paulsen geht im Gespräch meistens dominant, zielstrebig und bestimmend vor. Darum wäre es kontraproduktiv, sie im Kundengespräch auf eine introvertierte Person treffen zu lassen.

Es bestünde die Gefahr, dass sie den Gesprächspartner verschreckt, der sich eingeschüchtert fühlen und sich zurückziehen könnte. Eine Alternative ist, dass sie ihr Wissen um ihre Dominanz nutzt und sich in der Interaktion mit dem zurückhaltenden Gesprächspartner zurückhält und weniger dominant auftritt. Es liegt in der Verantwortung ihrer Führungskraft, sie dabei zu unterstützen und sie nicht in Kundengespräche zu schicken, in denen sich ihre Dominanz kontraproduktiv auswirken würde.

Auf der anderen Seite sind Gesprächssituationen vorstellbar, in denen Paula Paulsens Kommunikationsstil von großem Vorteil wäre, etwa in Verhandlungen mit schwierigen Verhandlungspartnern, in denen ein selbstbewusstes und selbstsicheres Auftreten notwendig und hilfreich ist.

Kommen wir zu einem weiteren Beispiel: Paula Paulsen kommt oft zu schnell und direkt zur Sache und vernachlässigt dabei den Beziehungsaufbau. Weil sie rasch ungeduldig wird, droht sie ihren Gesprächspartner zu überfordern. Falls dieser gleichfalls zu den dominanten Zeitgenossen gehört, kann es schon einmal zu Konflikten kommen, weil beide das Gespräch zu lenken und zu bestimmen versuchen. Wiederum gilt: Wenn sich Paula Paulsen dies mithilfe der Ergebnisse der Potenzialanalyse bewusst macht, kann sie gegensteuern. Das betrifft sowohl Kundengespräche als auch die Kommunikation mit Kollegen und Führungskräften.

Die Führungskraft kann das Wissen um Paula Paulsens Kommunikationsstil nutzen, um das Arbeits- und Betriebsklima zu optimieren. Dazu sollte sie im Gespräch mit ihr (und allen anderen rotgelben Motivatoren im Team) folgende Grundsätze beherzigen:

- Die Führungskraft drückt sich klar, direkt und ohne Umschweife aus und kommt stets sofort auf den Punkt.
- Die Notwendigkeit gewisser Handlungen rechtfertigt sie dadurch, dass diese zu überzeugenden Ergebnissen führen.
- Sie zögert nicht, Paula Paulsen auch einmal zu widersprechen.
- Sie akzeptiert ihren herausfordernden Charakter, aber ohne darauf einzugehen.
- Sie vermeidet reflektierende Analysen und geht nicht auf Details ein.

- Die Führungskraft zögert nicht, im Gespräch mit der auch intuitiv ausgerichteten Paula Paulsen ab und an abrupt von einem Thema zum anderen zu wechseln, auch wenn dies unstrukturiert erscheinen könnte.
- Sie bestärkt Paula Paulsen in deren Meinungen, Ideen und Träumen.
- Sie gibt ihr Zeit, sich zu artikulieren, und anerkennt ihre Originalität.
- Sie versucht, in der Kommunikation auch Vergnügen und Spaß zu verbreiten.
- Sie anerkennt Paula Paulsens Enthusiasmus und teilt ihn mit ihr.
- Sie akzeptiert, dass Paula Paulsen zuhören, aber gleichzeitig auch etwas anderes tun kann.

> Falls möglich, sollte die Führungskraft Paula Paulsens Gesprächspartner darauf hinweisen, dass es zielführend ist, die genannten Grundsätze in der Kommunikation mit ihr zu befolgen, zum Beispiel: „Ich empfehle Ihnen, sich im Gespräch mit ihr klar auszudrücken und direkt und ohne Umschweife auf den Punkt zu kommen."

Auch Paula Paulsen selbst sollte sich nicht scheuen, ihren Gesprächspartnern nach Möglichkeit mitzuteilen, dass sie die geradlinige Kommunikation bevorzugt und überdies nichts dagegen hat, wenn man ihr widerspricht: „Ich scheue die konfrontative Diskussion und Auseinandersetzung durchaus nicht!"

Wer mit Paula Paulsen konstruktiv und problemlösungsorientiert kommunizieren möchte, sollte wissen, welches Verhalten im Gespräch mit ihr vermieden werden sollte. Die folgenden Hinweise können von der Führungskraft genutzt oder von dieser beziehungsweise von Paula Paulsen selbst an die jeweiligen Gesprächspartner kommuniziert werden.

Im Gespräch mit Paula Paulsen ist es kontraproduktiv und wenig zielführend,

- um den heißen Brei herumzureden,
- ihr eine Entscheidung aufzuzwingen,

- bei Niederlagen dem Zufall oder dem Pech die Schuld daran zu geben,
- nicht selbstsicher aufzutreten, denn Paula Paulsen braucht Ansprechpartner auf Augenhöhe,
- mit ihr Probleme zu thematisieren, aber keine Lösungen zu bieten,
- zu versuchen, eine allzu persönliche Beziehung zu ihr aufzubauen,
- ständig alles zu begründen,
- sie in Regeln zu ersticken,
- kurz angebunden, kühl und verklemmt zu sein,
- sie von oben herab zu behandeln,
- sich von ihrem übersprudelnden Temperament überwältigen zu lassen,
- pessimistisch zu sein,
- ihr schweigend zuzuhören oder zu langsam zu sprechen,
- persönlichen Gefühlen zu viel Raum zu geben und
- sich bevormundend zu verhalten.

Kurzinterview: Dr. Maximilian Sauer, Senior Project Manager Airbus Defence + Space

Warum und in welchen Bereichen haben Sie die AECdisc® Potenzialanalyse eingesetzt?

Sauer: Als Führungskraft und verantwortlicher Projektmanager für das Spacecraft EarthCARE – eine der größten und komplexesten europäischen Erdbeobachtungsmissionen der letzten Jahrzehnte – habe ich mit mehr als 200 weltweit verteilten Projektmitarbeitern zu tun. Deshalb war mein Ziel, mithilfe der Potenzialanalyse die Kommunikation zu verbessern.

Zu welchen Erfolgen hat der Einsatz der Potenzialanalyse geführt?

Sauer: Den größten Nutzen hat mir die Selbsterkenntnis durch die Reflexion mithilfe der Analyse gebracht. Durch das Erkennen meiner unbewussten Verhaltens- und Kommunikationsmuster ist es mir gelungen, mit meinen Teammitgliedern typgerecht und individuell zu kommunizieren. Damit ist auch signifikant spürbar die Zufriedenheit gestiegen.

Handlungsempfehlungen

- Empfehlung 1: Fokussieren Sie sich darauf, die konstruktiv-produktiven Aspekte Ihres Kommunikationsstils zu trainieren und zu optimieren. Sorgen Sie dafür, die eher destruktiv-blockierenden Aspekte außen vor zu lassen.
- Empfehlung 2: Das Gleiche gilt für Menschen, für die Sie Führungsverantwortung tragen – diese sollen sich auf die konstruktiv-produktiven Aspekte konzentrieren können.

8

Komplementärtyp: „Gegensätze, die sich anziehen" oder „Gleich und gleich gesellt sich gern"?

Darum geht es in diesem Kapitel

Wie jeder andere Mensch hat auch Paula Paulsen einen Komplementärtyp, der ihre weniger entwickelten oder gar unbekannten Eigenschaften repräsentiert. Es ist gerade dieser Typ, von dem sie einiges lernen kann. Menschen, die in Führungsverantwortung stehen oder im Recruiting tätig sind, bieten die Informationen des Reports, die sich mit dem Komplementärtyp beschäftigen, wertvolle Hinweise für die Führungspraxis.

8.1 Der Koordinator als „Schatten" des Motivators: Die wichtigsten Eigenschaften des Komplementärtyps

Nach der Potenzialanalyse weiß Paula Paulsen: Ihr Komplementärtyp ist der Koordinator. Dies wird allein schon an der Position des Koordinators auf dem Potenzial-Rad deutlich: Koordinator und Motivator liegen sich dort gegenüber (siehe Abb. 5.1 in Kap. 5). Mit dem Koordinator droht sie zuallererst in Konflikt zu geraten, denn

© Der/die Autor(en), exklusiv lizenziert an Springer Fachmedien Wiesbaden GmbH, ein Teil von Springer Nature 2024
D. Thiemann und R. Skazel, *Persönlichkeitsdiagnostik: Entdecke die Potenziale mit der AECdisc® Analyse*, https://doi.org/10.1007/978-3-658-43260-7_8

möglicherweise geht sie davon aus, es handle sich um einen langweiligen oder wenig interessanten Menschen. Die Introvertiertheit und Bodenständigkeit des Koordinators stehen im Gegensatz zur Extravertiertheit, zu den überschwänglichen Ideen, der emotionalen Intuition und zur Zielstrebigkeit des Motivators.

Nach Carl Gustav Jung, der mit seinen Forschungen die Grundlagen für die AECdisc® Potenzialanalyse gelegt hat, führt jeder Persönlichkeitstyp seinen Komplementärtyp wie einen „Schatten" mit sich. Zudem gibt es weitere Gegensatztypen – im Fall des Motivators sind das der Unterstützer und der Analytiker. Der Motivator traut dem Unterstützer keinerlei Führungsfähigkeit zu. Und den Analytiker hält er vor allem für einen bürokratischen Verwalter.

Indem sich Paula Paulsen intensiv mit dem Persönlichkeitsprofil und der Potenzialanalyse des Koordinators auseinandersetzt, erfährt sie: Ihr Komplementärtyp gehört zu den introvertierten Menschen und zeichnet sich vor allem durch seine Fähigkeit aus, mit beiden Beinen auf dem Boden zu stehen. Darum gilt er als sehr zuverlässig. Die Art und Weise, mit der er die zwei Hälften (die aufgabenbezogene und die menschbezogene) seiner introvertierten Seite miteinander in Einklang bringt und damit umgeht, ist sowohl seine Stärke als auch eine seiner potenziellen Schwächen. Dasselbe gilt für seine Fähigkeit, das Wohlbefinden seiner Mitmenschen zu berücksichtigen, ohne dabei die konkreten Arbeitsergebnisse aus den Augen zu verlieren. Paula Paulsens Komplementärtyp koordiniert gern sowohl Menschen als auch Aufgabenbereiche. Und er legt Wert auf faire Maßstäbe sowie auf die Richtigkeit der Fakten und die Qualität der Arbeit. Dabei sind ihm Gerechtigkeit und das Wohlbefinden seiner Mitmenschen wichtig.

Der Koordinator gibt anderen Menschen durch seine Objektivität, seine Sorgfalt, seine Diplomatie und sein Feingefühl ein Gefühl von Sicherheit. Dabei agiert er häufig eher aus dem Hintergrund. Er möchte das Gefühl haben, gebraucht zu werden, möchte sich aber auch selbst in seiner Umgebung sicher fühlen.

Er ist bescheiden, ein geduldiger Zuhörer, verfügt über Teamgeist und geht methodisch genau, umsichtig und beharrlich vor. Er hat eine konstante Arbeitsweise und vermeidet es, große Risiken einzugehen.

Manchmal fällt es ihm schwer, mit Druck und Wettbewerb umzugehen. Er achtet darauf, niemals autoritär aufzutreten.

Aufgrund seiner disziplinierten Seite und seiner Detailgenauigkeit strebt Paula Paulsens Komplementärtyp nach beständiger rationaler Ordnung und emotionaler Harmonie. Dies kann dazu führen, dass er Chaos, Konflikte, Innovation und plötzliche Veränderungen ablehnt. Die Geduld und Gewissenhaftigkeit, mit denen er Aufgaben nachkommt, helfen ihm bei Routineaufgaben. Er fühlt sich wohler in der Gegenwart oder der Vergangenheit als beim Gedanken an die Zukunft, da er sich vor unklaren und ungewissen Situationen verschließt.

Es fällt ihm eher schwer, aus sich herauszugehen und seinen Gefühlen freien Lauf zu lassen. Seine Zurückhaltung beruht auf Geduld, Aufmerksamkeit, Loyalität, methodischem Vorgehen und detaillierter Analyse. Dieses Verhalten wird von anderen Menschen zuweilen als starr und konservativ empfunden, zumal er auf Überschwänglichkeit oder undurchdachtes Handeln oft kritisch reagiert.

All diese Eigenschaften könnten den Eindruck erwecken, dass Kreativität und Originalität nicht zu seinen größten Stärken zählen. Gelegentlich wird vermutet, er sei unnahbar und schwierig zu begeistern. Dazu passt, dass er häufig die Tendenz hat, die Emotionen seiner Mitmenschen (und auch die eigenen Emotionen) zu wenig zu berücksichtigen. Darum wirkt er zuweilen sehr rational und faktenorientiert.

Wichtig für Paula Paulsen ist die Information, dass der Koordinator mit ihr – als seinem Komplementärtyp – in Konflikt zu geraten droht, weil er sie als zu exzentrisch wahrnimmt. Mit ihrer überschwänglichen Intuition kann er wenig anfangen, steht sie doch im Gegensatz zu seiner Zurückhaltung und realistischen Bodenständigkeit.

8.2 Was Paula Paulsen von ihrem Komplementärtyp lernen kann

Warum überhaupt lohnt es sich, sich mit seinem Komplementärtyp zu beschäftigen? Aus Paula Paulsens Sicht ist dies richtig, weil es zielführend sein kann, von dem Menschen zu lernen, der das Gegenteil von einem selbst ist. Es lohnt sich, sich mithilfe seines Komplementärtyps eine vollkommen andere Wahrnehmungsbrille aufzusetzen und fremde und unbekannte Sichtweisen kennenzulernen. Paula Paulsen versucht dann, ihre intuitive und überschwängliche Dynamik hintanzustellen und eine rationalere, nüchternere und realistischere Perspektive einzunehmen. So trägt die Beschäftigung mit ihrem Komplementärtyp zu ihrer Weiterentwicklung bei, weil sie so lernt, sich in fremde Vorstellungswelten einzufühlen.

Wenn sie bezüglich der Bewältigung einer bestimmten Aufgabe jemanden sucht, der so ähnlich denkt und handelt wie sie selbst, helfen ihr die Kenntnisse der Eigenschaften des Koordinators weiter. Und das gilt auch für den Fall, dass sie jemanden sucht, der eine vollkommen andere Sicht auf die Dinge hat. Eventuell ist es richtig, dass sie angesichts ihres Hangs zur Intuition, zum Enthusiasmus und zur Zielstrebigkeit Dinge erst einmal in Ruhe prüft und überprüft, bevor sie eine übereilte Entscheidung fällt.

Mit den Menschen auszukommen, die uns ähneln, fällt uns nicht immer, aber meistens eher leicht. Anders schaut es mit unserem Komplementärtyp aus. Darum ist es wichtig, ihn lesen und sich in ihn hineinversetzen zu können. Dann gelingt es uns eher und besser, von ihm zu lernen, Dinge anzunehmen und ihn als hilfreiche Ergänzung und Bereicherung des eigenen Selbst und unserer Persönlichkeit zu akzeptieren – und ihn manchmal auch schlicht und einfach auszuhalten, obwohl er nervt.

Die Kenntnis der Eigenschaften des Komplementärtyps ist insbesondere für Paula Paulsens Führungskraft von entscheidender Bedeutung, etwa wenn es darum geht, ein heterogenes Team zusammenzustellen, bei dem sich die Kompetenzen und Persönlichkeitseigenschaften der Teammitglieder harmonisch ergänzen sollen. Oder wenn ein Duo eine komplexe und komplizierte Aufgabe lösen soll. Die Frage, ob es besser sei, zwei ähnliche oder gegensätzliche Typen zusammenzubinden, lässt sich meistens nur kontext- und situationsabhängig beantworten. Manchmal führen Harmonie und Balance zur Lösung, manchmal muss es kräftig „krachen", um den kreativen Funken zünden zu können. Also: „Gegensätze, die sich anziehen" oder „Gleich und gleich gesellt sich gern" – es kommt darauf an!

Auch für das Recruiting ist das Wissen um die Persönlichkeits-
merkmale von Relevanz: Es ist meistens zielführend, wenn ein Mitarbeitender eingestellt wird, der Fähigkeiten besitzt und eine Persönlichkeitsstruktur hat, die die Fähigkeiten und die Persönlichkeitsstruktur
der vorhandenen Mitarbeitenden und des Teams ergänzt.

Handlungsempfehlungen

- Empfehlung 1: Beschreiben Sie Ihren „Schatten" und überlegen Sie, ob und inwiefern Ihnen diese Kenntnisse bei der persönlichen Weiterentwicklung weiterhelfen.
- Empfehlung 2: Erwerben Sie bezüglich Ihrer Mitarbeitenden und Teammitglieder profunde Kenntnisse zum jeweiligen Komplementärtyp. Prüfen Sie wiederum, ob und inwiefern Ihnen diese Kenntnisse weiterhelfen.

9

Selbstbild versus Fremdbild: „Wie nehme ich mich wahr und wie werde ich von anderen wahrgenommen?"

Darum geht es in diesem Kapitel

Der Report gibt Hinweise zur Selbst- und Fremdwahrnehmung eines Menschen. Aus den Unterschieden der Perspektive, die wir auf uns selbst haben, und der Einschätzung unseres Verhaltens durch andere Personen, lässt sich rückschließen, worauf wir im Umgang mit anderen Menschen besonders achten sollten.

9.1 Selbstwahrnehmung und die Wahrnehmung durch andere Menschen

Die Potenzialanalyse sensibilisiert uns nicht nur für unsere Persönlichkeitseigenschaften, sondern gibt im entsprechenden Report auch Aufschluss darüber, wie uns andere Menschen sehen und wahrnehmen. Letztendlich gibt sie uns Hinweise auf unser Selbstbild und das Fremdbild, wir können eher und besser einschätzen und beurteilen, wie unsere Mitmenschen uns wahrnehmen. Das ist hilfreich für die Kommunikation, denn das Wissen um die Fremdwahrnehmung unserer Person und Persönlichkeit unterstützt uns dabei, die Reaktionen unseres Umfeldes

D. Thiemann und R. Skazel, *Persönlichkeitsdiagnostik: Entdecke die Potenziale mit der AECdisc® Analyse,* https://doi.org/10.1007/978-3-658-43260-7_9

auf uns zu verstehen und eventuell auch zu beeinflussen. Damit hat Paula Paulsen die nächste Station ihrer Abenteuerreise zu sich selbst erreicht.

In der Regel ist es hilfreich, wenn Selbstwahrnehmung und Fremdwahrnehmung größtenteils übereinstimmen. Paula Paulsen zum Beispiel sieht sich als motivierende, positive, innovative, intuitive, charismatische und dynamische Persönlichkeit. Die Potenzialanalyse bestärkt sie in diesem Selbstbild. Zugleich zeigt die Analyse, dass sie als eher extravertierter und zielstrebiger Mensch von unterschiedlichen Personen aus ihrem Umfeld auf höchst unterschiedliche Art und Weise wahrgenommen werden kann: Wenn sie sich als ein enthusiastischer und kommunikativ starker Mensch im Gespräch entsprechend verhält, wird dies vom eher zurückhaltend-introvertierten Gesprächspartner fast schon als Bedrohung gesehen. Während andererseits der gleichfalls extravertierte und zielstrebige Gesprächspartner sich auf die Auseinandersetzung mit Paula Paulsen geradezu diebisch freut: „Endlich mal eine herausfordernde Verhandlungspartnerin, mit der ich auf Augenhöhe kommunizieren, diskutieren und streiten kann!"

Problematisch wird die Situation vor allem dann, wenn Selbstwahrnehmung und Fremdwahrnehmung auseinanderklaffen.

> Die motivierende, positive, innovative, intuitive, charismatische und dynamische Paula Paulsen wird in ihrem Umfeld als unergründliche, träumerische, impulsive, indiskrete unbeständige und stets selbst-fokussiert agierende Persönlichkeit gesehen.

Aus diesem Grund wird ihr Hang, die Dinge stets positiv und mit einem optimistischen Blick zu beurteilen, von dem ein oder anderen Mitmenschen als träumerische oder sogar als naive und blauäugige Sicht auf die Welt ausgelegt.

Wir können mit Sicherheit davon ausgehen, dass Eigenschaften, die wir uns selbst zuschreiben, von anderen Menschen häufig anders wahrgenommen werden – dazu ein Beispiel:

- Eine Führungskraft sieht sich als fordernden, entschlossenen, willensstarken, zielorientierten und sachorientierten Menschen, der es versteht, Mitarbeitende und Team mitzunehmen und zu motivieren, große Ziele zu erreichen.

- Einige Mitarbeitende sehen das ähnlich und freuen sich, dass die Führungskraft vorangeht und den Weg zum Ziel weist.
- Andere Mitarbeitende haben eine andere Wahrnehmung und empfinden das Voranschreiten der Führungskraft als unzulässige Bevormundung: „Die Chefin will nicht einsehen, dass es auch noch andere Optionen gibt und neben ihren eigenen Ansichten andere Meinungen existieren und ebenso legitim sind!"
- Wiederum andere Mitarbeitende nehmen die Führungskraft als aggressiv, beherrschend, antreibend, intolerant und anmaßend wahr.
- Ein Vorgesetzter der Führungskraft befürchtet aufgrund ihres fordernden, entschlossenen, willensstarken und strikt zielorientierten Charakters, die Führungskraft habe es auf seinen Posten abgesehen.

Die Liste ließe sich fortsetzen und belegt, dass das Verhalten ein und desselben Menschen vollkommen unterschiedlich interpretiert werden kann – die Abb. 9.1 bringt dies nochmals auf den Punkt: Das fordernde, entschlossene, willensstarke, zielgerichtete und sachorientierte Verhalten des dominanten roten Farbtyp wird vom grünen Farbtyp als aggressiv, beherrschend, antreibend, intolerant und anmaßend bewertet. Und andere Persönlichkeitstypen kommen zu wiederum anderen Einschätzungen.

Wie wir uns selbst sehen

Wie uns unser Gegenüber sehen könnte

« fordernd
entschlossen
willensstark
zielgerichtet
sachorientiert

» aggressiv
beherrschend
antreibend
intolerant
anmaßend

Abb. 9.1 Unterschiede in der Wahrnehmung

Es ist wichtig zu verstehen, dass andere Menschen uns unter Umständen anders und eventuell sogar kritischer sehen, als wir es selbst tun – vor allem, wenn wir unter Stress stehen. Denn in solchen Situationen tendieren wir dazu, dass unsere hervorstechenden Persönlichkeitseigenschaften eine extremere Ausdrucksform annehmen. Eine an sich lediglich fordernde Haltung wirkt dann rasch angriffslustig, aggressiv und übergriffig.

9.2 Konsequenzen aus dem Unterschied zwischen Selbst- und Fremdwahrnehmung ziehen

Welche Schlüsse kann Paula Paulsen aus den Ergebnissen der Potenzialanalyse zur Selbstwahrnehmung und Fremdwahrnehmung ziehen? Auch dazu nimmt der Report Stellung. Zum einen gilt: Selbst wenn die Beurteilung der anderen Menschen nicht immer mit der – freilich oft subjektiven – Wirklichkeit übereinstimmt, ist es sinnvoll, dass sie sie kennt, um einschätzen zu können, warum Gesprächspartner auf sie zuweilen nicht so reagieren, wie sie es erwartet hat.

Zum anderen: Wenn sie ihre Gesprächsziele im Dialog mit Kunden, Kollegen, Mitarbeitenden und Führungskräften erreichen will, ist Paula Paulsen gut beraten, einzukalkulieren, dass andere Menschen ihr Verhalten und ihre Art und Weise der Kommunikation fehlinterpretieren könnten. Entscheidend ist herauszufinden, wie solch eine Fehleinschätzung überhaupt zustande kommen könnte. Auf dieser Grundlage legt sie fest, ihr Verhalten so zu verändern, dass solch eine Fehleinschätzung gar nicht erst möglich ist. Ein konkretes Beispiel:

Wenn sie feststellt, dass ihr ihre Zielstrebigkeit zunehmend als unangemessene Dominanz ausgelegt wird, weiß sie, dass sie ihr diesbezügliches Verhalten überprüfen und anpassen muss: „Meine Gesprächspartner interpretieren meine dynamische Art und Weise der Kommunikation immer wieder als übertriebene Selbstfokussierung oder gar als Egoismus und Überheblichkeit. Wie kann das passieren, was muss ich ändern?"

Für Paula Paulsens Führungskraft gilt: Sie sollte die Tatsache berücksichtigen, dass ihre Wahrnehmung bezüglich Paula Paulsen eventuell nicht der Wirklichkeit entspricht, etwa weil sie ihr in einer Stresssituation begegnet ist und darum einen falschen Eindruck gewinnen musste. Unsere Empfehlung ist: Die Führungskraft befragt sich im Reflexionsprozess selbstkritisch, ob sie die Ergebnisse ihrer Wahrnehmung nicht revidieren muss. Sie prüft, warum Paula Paulsen so und nicht anders in einer gegebenen Situation reagiert hat und fragt sich, ob sie einer Fehleinschätzung aufgesessen ist.

Kurzinterview: Frank Janz, Unternehmensgründer, Companions for Leaders, Bad Salzuflen

Warum und in welchen Bereichen haben Sie die AECdisc® Potenzialanalyse eingesetzt?

Janz: Wir verwenden die AECdisc® Potenzialanalyse in erster Linie, um neben der subjektiven Meinung des Chefs und der Eigenwahrnehmung zusätzlich eine objektive Spiegelung anzubieten.

Zu welchen Erfolgen hat der Einsatz der Potenzialanalyse geführt?

Janz: Die Neutralität und „Unbestechlichkeit" der AECdisc® führt zu einer erheblich höheren Akzeptanz der Entwicklungsvorschläge, und somit zu einer deutlichen erhöhten Effizienz und Zufriedenheit für Mitarbeiter und Unternehmen.

Handlungsempfehlungen

- Empfehlung 1: Stellen Sie fest, ob und inwiefern es bei Ihnen Unterschiede in der Selbstwahrnehmung und Fremdwahrnehmung gibt. Welche Konsequenzen ziehen diese unterschiedlichen Bewertungen nach sich?
- Empfehlung 2: Wie lassen sich zukünftig solche unterschiedlichen Beurteilungen verhindern?
- Empfehlung 3: Führen Sie diese Analyse auch bei Ihren Mitarbeitenden durch.

10

Verbesserungspotenziale nutzen: „Wie kann ich mich weiterentwickeln?"

Darum geht es in diesem Kapitel

Zu den wohl spannendsten Informationen, die der auf der Grundlage der Potenzialanalyse erstellte Report liefert, gehören die Antworten auf die Frage, wie ein Mensch sich kontinuierlich weiterentwickeln und wachsen kann. Auch das Unternehmen und die Entscheider erfahren, welche verbesserungswürdigen Bereiche bei Mitarbeitenden es gibt und wie sie genutzt werden können, damit diese bei der Erreichung der Unternehmensziele einen noch substanzielleren Beitrag leisten können.

10.1 Weiterentwicklungs- und Wachstumsbereiche feststellen

Auf diese Ergebnisse des Reports hat sich Paula Paulsen ganz besonders gefreut: Mit Spannung erwartet sie die Informationen zu ihren verbesserungsfähigen Bereichen. Denn jetzt beschreibt der Report bestimmte Verhaltensmerkmale ihres natürlichen Stils, die möglicherweise

D. Thiemann und R. Skazel, *Persönlichkeitsdiagnostik: Entdecke die Potenziale mit der AECdisc® Analyse*, https://doi.org/10.1007/978-3-658-43260-7_10

noch verbesserungsfähig sind. So erhält sie fundierte Hinweise zu ihren persönlichen und individuellen Wachstumsbereichen. Auf dieser Grundlage kann sie entscheiden, um welche dieser Bereiche sie sich zuallererst kümmern sollte und kümmern muss. Und das Unternehmen, für das sie tätig ist, verfügt über konkrete Anhaltspunkte, wie es Paula Paulsen unterstützen kann, noch bessere Leistungen und Ergebnisse an ihrem Arbeitsplatz zu erzielen.

Die potenziellen Wachstumsbereiche erstrecken sich auf zahlreiche Gebiete: Paula Paulsen erhält vor allem detaillierte Verhaltenstipps, um ihren Umgang mit anderen Menschen zu verbessern. Das trifft auf die Kommunikation und Interaktion mit Chefinnen und Chefs, mit Kolleginnen und Kollegen, mit Mitarbeitenden und natürlich auch mit Kundinnen und Kunden zu. Ein weiterer Nutzen ist: Sie versteht es, sich selbst besser zu präsentieren und ihre Selbstdarstellung positiver zu gestalten. Es scheint immer wichtiger zu werden, sich primär im beruflichen Kontext um eine vorteilhafte und stimmige Selbstdarstellung sowie um ein persönliches Reputationsmanagement zu kümmern. In diesem Zusammenhang ist vom Personal Branding die Rede: Die Persönlichkeit eines Menschen kann nur und vor allem dann wirken, wenn sie vom Umfeld entsprechend wahrgenommen wird. Ein wichtiges Motto des Personal Branding lautet daher: Tue Gutes und rede darüber!

Im Kapitel zuvor haben wir erfahren, dass und warum die Übereinstimmung zwischen Selbstwahrnehmung und Fremdwahrnehmung, zwischen Selbstbild und Fremdbild so bedeutsam ist. Es gilt, die Einzigartigkeit seiner Persönlichkeit angemessen zu kommunizieren und darzustellen. Dabei hilft die Potenzialanalyse, denn durch sie erfährt Paula Paulsen, wer sie wirklich ist. Bei der richtigen Positionierung ihrer Persönlichkeit geht es um Authentizität und Glaubwürdigkeit durch ein möglichst kongruentes Auftreten, bei dem es keinen Widerspruch gibt zwischen dem, was Paula Paulsen sagt und äußert, und ihren Handlungen.

10.2 Paula Paulsens verbesserungswürdige Bereiche

Paula Paulsen entnimmt dem Report zu ihrer Potenzialanalyse, dass sie mit einiger Wahrscheinlichkeit zu den folgenden eher kontraproduktiven Verhaltensweisen neigt:

- Sie arbeitet ungern im Team, es sei denn, sie kann als Chefin auftreten.
- Sie tendiert dazu, Befugnisse und Rechte zu überschreiten.
- Sie läuft Gefahr, die Sorgen oder Ängste der Mitarbeitenden auszunutzen.
- Sie hat ein eher impulsives Temperament, daher fehlt ihr oft die nötige Geduld, konstruktiv zu verhandeln.
- Zuweilen trifft sie unüberlegte und unreflektierte Entscheidungen.
- Sie setzt sich über die Firmenpolitik hinweg.
- Es fällt ihr schwer, den Sinn bestimmter Verhaltensregeln nachzuvollziehen.
- Sie neigt dazu, zu viel persönliche Anerkennung durch ihre gesellige Art zu suchen.
- Oft ist sie zu mitteilsam, sodass sie aufdringlich und oberflächlich wirkt.
- Aufgrund ihrer spontanen und optimistischen Art wirkt sie auf andere Menschen wirklichkeitsfern und blauäugig.
- Sie hat Mühe, ihre Zeit gut einzuteilen.
- Es fällt ihr schwer, einen gleichmäßigen Arbeitsrhythmus zu entwickeln.
- Sie fokussiert sich allzu oft auf Neuerungen und kreative Innovationen und vernachlässigt dabei das methodische Vorgehen.
- Sie tendiert dazu, unüberlegte Bemerkungen zu machen, die von ihrem Umfeld als persönliche Sticheleien aufgefasst werden könnten.

So ergeben sich sehr genaue Hinweise auf Paula Paulsens potenzielle Verbesserungspotenziale, die ihr selbst und dem Unternehmen als konkrete Anhaltspunkte zum Beispiel für Schulungen, Weiterbildungsmaßnahmen und Entwicklungsprogramme dienen.

Nehmen wir den Aspekt, dass sie zuweilen unüberlegte und unreflektierte Entscheidungen trifft. Auf dieser Basis kann geprüft werden, warum Paula Paulsens Entscheidungsverhalten so ausgeprägt ist und wie sie ein Entscheidungsmanagement implementieren kann, mit dem es ihr gelingt, fundiertere und nachvollziehbarere Entscheidungen zu fällen. So lässt sich die Liste Punkt für Punkt abarbeiten, wobei es sinnvoll ist, Prioritäten zu setzen. Vielleicht gelingt es Paula Paulsen, ihr eher impulsives Temperament in den Griff zu bekommen und die nötige Geduld aufzubauen, um ihre Verhandlungsergebnisse zu optimieren. Gemeinsam mit ihrem persönlichen AECdisc® Berater kann sie prüfen, in welchen Bereichen eine Verhaltensveränderung besonders dringlich und wichtig ist, etwa weil bestimmte Verhaltensweisen erforderlich sind, um bessere Arbeitsergebnisse zu erzielen, einen neuen Verantwortungsbereich zu übernehmen oder eine neue Stelle anzutreten.

Ähnlich pragmatisch verhält sich Paula Paulsens Arbeitgeber: Dieser nutzt die Potenzialanalyse, um festzustellen, in welchen Bereichen sich Paula Paulsen verbessern muss, damit sie einen noch substanzielleren Beitrag zur Erreichung der Unternehmensziele leisten kann. Die Potenzialanalyse wird zur Grundlage eines Kompetenzmanagements. Dazu ein Beispiel: Das Unternehmen erarbeitet eine Vision, einen Leitstern, eine Mission und beschreibt, wie es sich in Zukunft entwickeln will und soll, um in schwierigen Zeiten zu wachsen und Marktanteile zu gewinnen. Aus der Vision, dem Leitstern und der Mission werden sehr konkrete Unternehmensziele abgeleitet. Wer so vorgeht, ist in der Lage, Angaben über die Verhaltensweisen, Talente, Stärken und Fähigkeiten zu treffen, die die Mitarbeitenden gegenwärtig, aber vor allem in der Zukunft benötigen, um die Erreichung der Unternehmensziele und den Unternehmenserfolg zu gewährleisten.

An dieser Stelle kommen die Ergebnisse der Potenzialanalyse zum Tragen: Das Unternehmen gleicht für Paula Paulsen – und alle anderen

Mitarbeitenden – ab, welche Verhaltensweisen, Talente, Stärken und Fähigkeiten erforderlich sind und in welchem Ausprägungsgrad diese tatsächlich vorhanden sind. So erhält es Aufschluss über mögliche Gaps oder Lücken. In einem nächsten Schritt werden Entwicklungs- und Weiterbildungsmaßnahmen in Gang gesetzt, um diese Lücken zu schließen.

> Ziel ist eine größtmögliche Übereinstimmung zwischen den erforderlichen und den tatsächlich vorhandenen Verhaltensweisen, Talenten, Stärken und Fähigkeiten. Sollzustand und Istzustand, Sollprofil und Istprofil nähern sich an.

Übrigens kann diese Methodik auch im Recruiting zum Einsatz gelangen. Das Unternehmen geht auf die gezielte Suche nach Mitarbeitenden, die genau die Verhaltensweisen, Talente, Stärken und Fähigkeiten aufweisen, die es braucht, um erfolgreich zu sein.

10.2.1 Arbeitsbedingungen auf Paula Paulsen abstimmen

Das Unternehmen leistet einen Beitrag zu Paula Paulsens Weiterentwicklung, indem es Rahmenbedingungen und ein Umfeld schafft, in dem sie wachsen kann. Die Potenzialanalyse zeigt, dass sie unter anderem anspruchsvolle Herausforderungen und Aufgaben sucht, die es ihr ermöglichen, ihren Führungswillen auszuleben und energisch Entscheidungen zu treffen und zu verantworten. Allein schon deswegen ist es richtig (wie oben dargestellt), sie dabei zu unterstützen, nachvollziehbarere Entscheidungen zu fällen. Zudem möchte sie als Chefin angesehen werden. Sie legt Wert auf eine ergebnisorientierte Evaluierung und verabscheut Kontrollmechanismen. Wichtiger ist ihr, in einem spannenden Arbeitsklima und unter motivierenden Arbeitsbedingungen interessante Aufträge und Projekte zu bearbeiten, ohne dabei von irgendwelchen Regeln und Vorgaben eingeengt zu werden und auf lästige Details achten zu müssen. Dann macht ihr die Arbeit so richtig Spaß und Freude! Darum gilt: Es sollte vermieden werden, dass sie Detailarbeiten übernehmen muss und durch Kontrollmechanismen gehemmt wird.

All diese Angaben, die durch den Report kommuniziert werden, bieten den Entscheidungsträgern im Unternehmen zahlreiche umsetzungsorientierte und praktikable Anhaltspunkte, um für Paula Paulsen ein Arbeitsumfeld zu kreieren, in dem sie eine Topperformance an den Tag legen kann.

> Neben den Arbeitsbedingungen, die auf ihre Erwartungen abgestimmt werden können, umfasst der Report zur Potenzialanalyse Hinweise, wie eine Führung ausschauen sollte, durch die Paula Paulsen zu Topleistungen motiviert wird.

10.2.2 Führungsarbeit auf Paula Paulsen abstimmen

Die Potenzialanalyse zeigt, dass Paula Paulsens Führungskraft ihr die Möglichkeit geben sollte, ständig etwas Neues auszuprobieren. Sie braucht tolerante Führungskräfte und innovative Aufgaben, die zu ihrer ausgeprägten selbstständigen Haltung passen. Auf der einen Seite muss sie Gelegenheit haben, ihre Machtposition auszuspielen, auf der anderen Seite braucht sie bei der Erledigung von Detailaufgaben und beim disziplinierten Termin- und Planungsmanagement tatkräftige Unterstützung – Methodik ist nicht gerade Paula Paulsens Stärke. Es hilft ihr, wenn man sie darauf hinweist, dass sie den Bogen überspannt und Regeln und Vorschriften zu missachten droht. Zudem ist sie darauf angewiesen, dass man ihr persönliche Anerkennung entgegenbringt, sie lobt und eine Atmosphäre schafft, in der ihre Ausstrahlung zur Geltung kommen kann.

Ein Problem der rot-gelben Paula Paulsen besteht darin, zu wenig Rücksicht auf die langsameren Mitarbeitenden zu nehmen. Ihre Ziel- und Ergebnisorientierung sowie ihre Entscheidungsfreude führen dazu, dass sie die introvertierten Mitarbeitenden nicht im ausreichenden Maß wahr- und mitnimmt. Das ist gewiss ein verbesserungswürdiger Aspekt, bei dem ihr ihre Führungskraft Hilfestellung geben sollte.

Die Führungskraft achtet bei ihrer Führungsarbeit darauf, dass Paula Paulsen lernt, bei Kollegen, die nicht so rasch agieren wie sie, Geduld an den Tag zu legen und ihnen mit Empathie zu begegnen.

Ein Schlüssel zu ihrer Motivation liegt darin, ihr eine führende Rolle zu übertragen und einen großen Tätigkeitsspielraum zu eröffnen. Entscheidend ist, ihr herausfordernde Aufgaben zu geben und Projekte zu übertragen, bei denen sie eigeninitiativ Entscheidungen treffen und Verantwortungsspielräume nutzen kann, die sie eigenständig ausfüllt. Gelegenheiten zur ständigen Weiterbildung, die es ihr gestatten, sich weiterzuentwickeln, sind ebenso hilfreich wie die Schaffung eines herausfordernden und vielseitigen Umfeldes mit zahlreichen Gestaltungsmöglichkeiten und ohne großartige Routinen.

Handlungsempfehlungen

- Empfehlung 1: Erstellen Sie auf der Basis der Potenzialanalysen – bezogen auf Ihre Persönlichkeit und auch Ihre Mitarbeitenden – eine Liste mit verbesserungsfähigen Bereichen.
- Empfehlung 2: Gehen Sie die Liste Punkt für Punkt durch und überlegen Sie sich realistische, umsetzbare und effektive Optimierungsmaßnahmen.
- Empfehlung 3: Achten Sie dabei insbesondere auf die Gestaltung der Rahmen- und Arbeitsbedingungen sowie der Führungsarbeit.

11

Motivationsfaktoren: „Was treibt mich wirklich an?"

Darum geht es in diesem Kapitel

Motive zeigen an, was uns – und andere Menschen – wirklich bewegt. Der Report zur Potenzialanalyse gibt auch hierüber Auskunft und belegt, welche allgemeinen und spezifischen Antreiber einen Menschen dazu bewegen, so zu handeln, wie er handelt. Dabei stehen sechs Hauptmotive im Mittelpunkt: neben dem kognitiven Motiv sind dies das ästhetische, das ökonomische, das soziale, das individualistische und das traditionelle Motiv.

11.1 Die Motivationsstruktur reflektieren

Menschen, die ihre Ziele erreichen und erfolgreich sind, wissen meistens sehr genau, was sie antreibt. Sie setzen sich mit dem Warum ihres, auch beruflichen, Handelns auseinander und treffen Aussagen darüber, welche Antriebsturbos bei ihnen gezündet werden müssen, damit sie gute Leistungen erbringen. Darum gehören zu einer fundierten Potenzialanalyse nachvollziehbare Aussagen zur Motivations- und Antriebsstruktur.

© Der/die Autor(en), exklusiv lizenziert an Springer Fachmedien Wiesbaden GmbH, ein Teil von Springer Nature 2024
D. Thiemann und R. Skazel, *Persönlichkeitsdiagnostik: Entdecke die Potenziale mit der AECdisc® Analyse*, https://doi.org/10.1007/978-3-658-43260-7_11

11.1.1 Extrinsische und intrinsische Motivation

Bedeutsam ist in diesem Kontext die Unterscheidung zwischen extrinsischer und intrinsischer Motivation. Das Ergebnis extrinsischer, von außen kommender Motivation ist der kurzfristige Leistungsgewinn. Es gehört zu den Aufgaben einer Führungskraft, dem Mitarbeitenden Anreize zu bieten, die rasch und kurzfristig zur Steigerung der Leistungen beitragen. Noch wichtiger ist die intrinsische, von innen kommende Motivation, die durch das Warum des Handelns und Tuns eines Mitarbeitenden befeuert wird.

> Intrinsische Motivation entsteht meistens dann, wenn die psychologischen Grundbedürfnisse befriedigt sind: das Kompetenzbedürfnis, das Zugehörigkeitsbedürfnis und das Autonomiebedürfnis.

Was heißt das? Zum einen wollen wir unsere Kompetenzen frei entfalten und am Arbeitsplatz zur Geltung bringen (Kompetenzbedürfnis). Zweitens möchten wir uns dazugehörig fühlen – einem Team, einer Gemeinschaft, der Abteilung, dem Unternehmen (Zugehörigkeitsbedürfnis). Und drittens: Wir wollen eigenverantwortlich und autonom handeln; auch und gerade im Job und am Arbeitsplatz (Autonomiebedürfnis). Erfolgreiche Menschen, die im Job etwas erreichen wollen, tragen aktiv dazu bei, dass diese psychologischen Grundbedürfnisse Beachtung finden, etwa indem sie von sich aus dafür sorgen, dass ihre Kompetenzen mit denen vom Arbeitsplatz geforderten weitgehend übereinstimmen. Zudem fordern sie es ein, selbst- und eigenständig agieren zu können. Zugleich liegt die Berücksichtigung dieser Grundbedürfnisse in der Verantwortung der Führungskräfte.

Der Ursprung unserer Motive liegt in unseren Erfahrungen. Diese führen zu bestimmten Annahmen, die sich mit unseren Wertvorstellungen verknüpfen und somit unser Handeln bestimmen. Das heißt: Motive leiten unser Handeln. Denn bevor wir handeln, betrachten wir eine Situation aus unserer Motivperspektive und bewerten, ob die Situationen für uns einen persönlichen Wert zum Handeln besitzen. In der Regel entsprechen unsere Annahmen fundamentalen gesellschaftlichen Grundwerten, die wiederum im Einklang mit philosophischen Werten stehen, und zwar mit der Wahrheit, der Nützlichkeit, der Schönheit, der Liebe sowie der Macht und der Einheit. Daraus ergeben sich sechs Handlungsmotive.

11.1.2 Handlungsmotive nach Eduard Spranger

Nach den Erkenntnissen des deutschen Kulturphilosophen und Psychologen Eduard Spranger, der diese Motive in seinem Buch „Lebensformen" bereits 1914 beschrieben hat (Spranger, 1966), gibt es sechs Handlungsmotive:

* *das kognitive Motiv des Handelns und die Suche nach der Wahrheit:* Ein Verstandesmensch will vor allem Probleme lösen, die Wahrheit entdecken und möglichst viel Wissen anhäufen. Der kognitiv agierende Mensch möchte objektive Tatsachen schaffen, neues Wissen generieren und Zusammenhänge verstehen. Er agiert empirisch, er beobachtet und sammelt Informationen, die auf systematischen Untersuchungen beruhen und Objektivität gewährleisten. Es drängt ihn, neues Wissen zu entdecken und die Dinge zu verstehen und zu systematisieren.
* *das ästhetische Motiv des Handelns und der Sinn für das Schöne:* Den auf Harmonie und Schönheit ausgerichteten Menschen drängt es nach Inspiration, Anmut und subjektivem Erleben. Jemand mit ausgeprägtem ästhetischen Motiv muss nicht zwangsläufig künstlerisch tätig sein, vielmehr ist damit die Bewertung der eigenen Lebenserfahrungen nach den genannten Aspekten gemeint. Sein Fokus liegt auf dem subjektiven Erleben, den Gefühlen und der Umwelt. Er will Harmonie und Einklang erleben, sich verwirklichen und sein gesamtes Potenzial abrufen.
* *das ökonomische Motiv des Handelns und das Bedürfnis nach Wohlstand oder Profit:* Der ökonomisch interessierte Mensch hat ein hohes Interesse an finanzieller Freiheit und Unabhängigkeit, an Ruhm und Geld. Er fragt nach dem persönlichen Nutzen dessen, was er tut, und wägt Kosten und Nutzen ab. Nicht immer steht dabei allein der persönliche Nutzen im Fokus – er verfolgt zudem das Ziel, etwa

die Familie finanziell abzusichern. Er ist mithin nicht allein egoistischen Beweggründen verpflichtet. Oft geht das Streben, einen höheren Lebensstandard als andere zu besitzen, mit dem ökonomischen Motiv einher.

- *das soziale Motiv des Handelns und das Bedürfnis, Menschen zu helfen:* Das Interesse am Wohlergehen anderer Menschen lässt den sozial geprägten Menschen freundlich, mitfühlend und selbstlos agieren. Die Belange anderer und die uneigennützige Förderung des Gemeinwohls stehen im Zentrum seines Tuns. Eine Investition überwiegt oft den eigenen Nutzen und zahlt sich, wenn überhaupt, erst langfristig aus. Der sozial motivierte Mensch bietet benachteiligten Personen gern seine Hilfe an.

- *das individualistische Motiv des Handelns und der Wunsch, Einfluss auf andere zu haben:* Dieses Motiv beschreibt das Streben nach Autonomie für das eigene Handeln, aber auch das Bedürfnis, eine Machtposition innezuhaben. Die Grundhaltung besteht in der Erarbeitung einer hohen Position und Machtausübung mit dem Ziel, Selbstbestätigung durch Erfolg zu erreichen. Das Motiv steht für ein starkes Bedürfnis nach Anerkennung und Ansehen und geht einher mit der Bereitschaft, die Verantwortung für das eigene Handeln auch in der Öffentlichkeit zu übernehmen. Überdies wird das individualistische Motiv durch den Willen geprägt, mit anderen Personen um den Aufstieg oder die Erhaltung der eigenen Position zu wetteifern.

- *das traditionelle Motiv des Handelns und das Bedürfnis nach Konformität:* Der traditionell eingestellte Mensch würde am liebsten alles beim Alten belassen. Er sucht nach Einheit, Ordnung, Beständigkeit und Sinn. Für ihn steht das Handeln entlang fester Überzeugungen und Prinzipien im Zentrum. Wichtig ist, die Dinge auf die „richtige" Art und Weise zu erledigen sowie Abläufe und Prozesse strikt einzuhalten. Letztendlich geht es ihm um die Suche nach dem Sinn im Leben und darum, dem Leben einen Wert zu geben. Er möchte in seinen Aktivitäten den tieferen Sinn und das emotionale Warum erkennen können.

11.2 Praktische Anwendungsbereiche

Unsere Motive lassen sich als Weltanschauungen oder Lebenskonzepte, die auf Erfahrungen, Überzeugungen, Einstellungen und Werten basieren, beschreiben. Sie sind der Grund, warum wir eine bestimmte Aufgabe besonders gern und eine andere besonders widerwillig angehen. Klar ist: Indem Paula Paulsen und das Unternehmen mithilfe der Potenzialanalyse Aufschluss über ihre Motivationsstruktur erhalten, profitieren einmal mehr beide Seiten davon. Dabei gilt: Es gibt keine guten und keine schlechten Motive. So brauchen wir zum Beispiel Geld, um anderen Menschen zu helfen. Und die ökonomische Sichtweise hilft uns, eben dieses Geld und materielle Güter zu beschaffen und Personen, denen es nicht so gut geht, Unterstützung zukommen zu lassen. Gefühle wiederum benötigen ein rationales Gegengewicht, und Individualismus ist wichtig, um sich in den Dienst von globalen Prinzipien und Organisationen stellen zu können. Das bedeutet:

> Jedes Motiv hat sowohl positive als auch negative Aspekte. Die Motivwelten dürfen auf keinen Fall gegeneinander ausgespielt werden.

Paula Paulsen erfährt durch den Report ihrer Potenzialanalyse, dass bei ihr das kognitive, das ästhetische und das soziale Motiv schwach ausgeprägt sind. Stark ausgeprägt – und damit handlungsanleitend – sind bei ihr das ökonomische, das individualistische und das traditionelle Motiv (siehe Abb. 11.1). Das bedeutet, dass sowohl Paula Paulsen als auch die Entscheider im Unternehmen Wert darauflegen sollten, in Fragen der Motivation, der Selbstführung und der Mitarbeiterführung das ökonomische, das individualistische und das traditionelle Motiv in den Vordergrund zu rücken. So ergibt es Sinn, Paula Paulsen durch ein leistungs- und ergebnisorientiertes Vergütungssystem und finanzielle Anreize wie etwa Boni zu motivieren (ökonomisch), ihr Gelegenheit zu geben, sich im Wettbewerb mit Kolleginnen und Kollegen zu messen (individualistisch) und ihr in intensiven Gesprächen das emotionale Warum ihres beruflichen Handelns zu verdeutlichen. In diesen Gesprächen erfährt sie, dass sie die richtigen Dinge richtig erledigen kann und darf (traditionell).

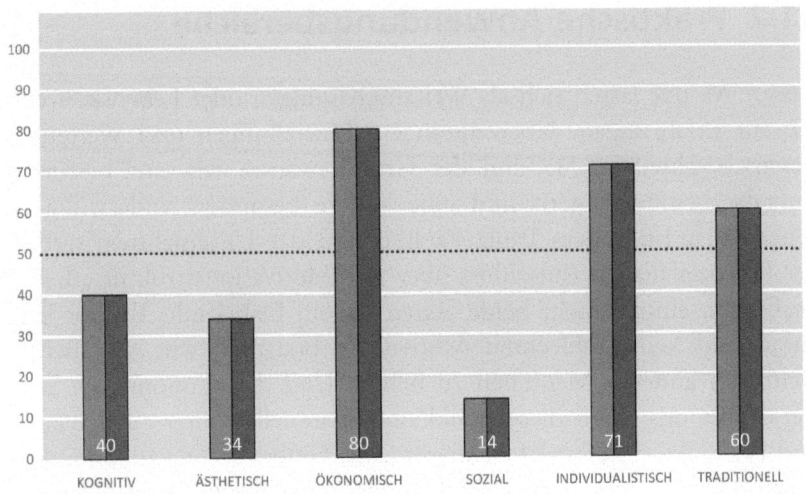

Abb. 11.1   Paula Paulsens Motivationsstruktur

Kontraproduktiv hingegen wäre es, sie über die drei anderen Motiv-
ebenen anzusprechen. Es bringt nichts bis wenig, sie über ein dezidier-
tes Weiterbildungs- und Schulungsangebot zu motivieren (kognitiv)
oder sie mithilfe eines Incentives, das ästhetisch-kulturelle Aspekte berücksichtigt (ästhetisch), zu besseren Leistungen zu veranlassen. Und
der Versuch, sie mit dem Hinweis zu locken, ihre Tätigkeit trage zur
Realisierung altruistischer Zielsetzungen bei (sozial), dürfte eher ins
Leere laufen.

11.2.1 Schwache und starke Handlungsmotive

Ein Blick auf die Details der sechs Handlungsmotive bietet Hinweise
für weitere Überlegungen, wie es Paula Paulsen gelingt, sich zu einer
Topperformance zu motivieren, beziehungsweise, was das Unternehmen
beisteuern kann, um ihr zu Topleistungen zu verhelfen.

Paula Paulsens schwach ausgeprägte **kognitive** *Motivation bedeutet:*

- Sie lernt und versteht eher durch eigene Erfahrungen, weniger durch Wissensprozesse.
- Sie kann sich von einer rationalen Denkweise lösen.
- Sie hat eher wenig Interesse an einer kognitiven Wissenserweiterung.
- Sie bevorzugt Erfahrungen anstelle von Wissen – darum ist es von Bedeutung, sie viele Praxiserfahrungen durchleben zu lassen.

Paula Paulsens schwach ausgeprägte **ästhetische** *Motivation meint:*

- Sie tendiert dazu, sich vor allem auf objektive Tatsachen und konkrete Fakten und Theorien zu verlassen.
- Sie achtet häufig zu wenig auf ihre Intuition – darum ist es unsinnig, sie Tätigkeiten ausüben und Aufgaben erledigen zu lassen, bei denen es (auch) auf das Bauchgefühl ankommt.

Paula Paulsens schwach ausgeprägte **soziale** *Motivation heißt:*

- Sie neigt zu einer emotionalen Distanziertheit und verliert schnell das Wohlergehen anderer Menschen aus dem Blick; es wäre kontraproduktiv, sie dort aktiv werden zu lassen, wo Fingerspitzengefühl und Empathie gefragt sind.
- Sie kann den Faktor „Mensch" in einer Situation beiseitelassen, sodass es richtig sein kann, sie im Zusammenhang mit menschlich prekären Situationen einzusetzen.

Paula Paulsens stark ausgeprägte **ökonomische** *Motivation bedeutet:*

- Sie sucht immer nach der idealen Verwendung von Ressourcen und geht höchst effektiv und effizient vor.
- Sie verfügt über Geschäftssinn und kann gut verhandeln.
- Sie ist praktisch begabt, kann sehr gut mit Geld umgehen und dieses problemlos verwalten.
- Sie nutzt gern alle Ressourcen, um ihre Ziele zu erreichen.

Paula Paulsens stark ausgeprägte **individualistische** *Motivation meint:*

- Sie strebt nach Macht und Autonomie über sich, ihr Leben und ihre Mitmenschen und nach einem hohen sozialen Status.
- Sie schätzt es sehr, von anderen Menschen für das anerkannt zu werden, was sie ist.
- Sie verfügt über ein starkes Bedürfnis nach Autonomie und Unabhängigkeit.
- Sie versucht, sich und ihre Position zu verbessern und agiert dabei als Autodidaktin.
- Sie ist eine starke Führungspersönlichkeit und daher geeignet, eine Führungsposition zu übernehmen.
- Sie strebt nach Abgrenzung und Individualität.

Paula Paulsens stark ausgeprägte **traditionelle** *Motivation heißt:*

- Sie verfügt über ein starkes handlungsanleitendes Wertesystem, das ihr wichtiger ist als die eigene Person.
- Sie konzentriert sich auf die Dinge, die helfen, im Einklang mit ihrem Wertesystem die Welt zu verbessern.
- Sie lebt nach ihrem Wertesystem und versucht, andere Menschen davon zu überzeugen.
- Zuweilen reagiert sie empfindlich, wenn ihre Überzeugungen infrage gestellt werden.
- Sie misst dem Sinn des Lebens einen hohen Wert bei.

11.2.2 Motive in ihrer Gesamtheit betrachten

Paula Paulsens Report beschränkt sich nicht darauf, zu den sechs Handlungsmotiven Stellung zu nehmen, sondern vermittelt weitere explizite Hinweise zu ihrer Motivationsstruktur. Demnach erreicht sie ihre Ziele und Ergebnisse vor allem, indem sie sich auf ihre Erfahrungen stützt. Zudem strebt sie nach der Anerkennung ihrer Person und ihrer Lebenserfahrung, ist jedoch mit einiger Wahrscheinlichkeit weniger an einer umfassenden Bildung interessiert, sondern bildet sich nur dann weiter, wenn es für ihre Weiterentwicklung unbedingt nötig ist.

Da das Wertesystem für sie eine große Rolle spielt, sucht sie nach objektiven Tatsachen, die für ihr Wertesystem sprechen. Subjektiven Aussagen steht sie skeptisch gegenüber, sie konzentriert sich lieber auf das Erzielen konkreter Ergebnisse. Dabei fühlt sie sich auch in angespannten Situationen wohl, zumindest, wenn diese nötig sind, um etwas Bestimmtes zu erreichen.

Veränderungen gegenüber ist sie vor allem dann offen, wenn sie einen Nutzen haben, der mit ihrem Wertesystem vereinbar ist. Es gelingt ihr, ihre Macht und ihre Führungsposition auszuüben und dabei Distanz zu den Gefühlen anderer Menschen zu bewahren. Sie setzt sich vorbehaltlos für ihre Sache und ihr Wertesystem ein.

Paula Paulsen sucht nach Möglichkeiten, ihre Position und ihren sozialen Status zu verbessern. Sie distanziert sich schnell von den Gefühlen anderer und kann daher selbst in schwierigen Situationen einen kühlen Kopf bewahren. Es ist ihr wichtig, durch Erfolge Anerkennung zu erhalten und durch materiellen Wohlstand ihre Machtposition zu optimieren. Zudem gelingt es ihr mit Leichtigkeit, finanziell erfolgreich zu sein. Und das ist auch gut so, denn sie hat einen großen Drang nach finanzieller Unabhängigkeit und Autonomie.

> Mithilfe dieser Angaben sind Rückschlüsse auf Maßnahmen und Aktivitäten möglich, durch die Paula Paulsen motiviert werden kann, sich mit den Unternehmenszielen zu identifizieren und sich für deren Erreichung mit Leidenschaft zu engagieren.

Betrachten wir die Motive nicht nur im Einzelnen, sondern in ihrer Gesamtheit, so lassen sich Motivkombinationen ausmachen, die inhaltliche Aussagekraft besitzen – dazu ein Beispiel: Die Ausprägung „hoch ökonomisch – hoch traditionell – hoch sozial" weist darauf hin, dass eine Person besonders an (finanziellen) Sicherheiten für die eigene Familie interessiert ist.

Hinzu kommt: Statistische Untersuchungen führen zu der Erkenntnis, dass eine hohe Ausprägung eines bestimmten Motivs häufig mit einer niedrigeren Ausprägung eines bestimmten anderen Motivs einhergeht. Die Gegenüberstellung dieser Polaritäten (bezogen auf 100 %) findet in der Potenzialanalyse Berücksichtigung, indem die Handlungsmotive paarweise einander gegenübergestellt werden: kognitiv – ästhetisch, ökonomisch – sozial, individualistisch – traditionell, sozial – individualistisch.

Zu guter Letzt werden in dem Report Paula Paulsens Motive und Verhaltenseigenschaften, die durch die vier Farben repräsentiert werden, in Beziehung gesetzt, sodass es zu folgenden Aussagen kommt:

- Paula Paulsens Rot-Wert über 50 spricht für eine bestimmende und energische Komponente ihres Verhaltens. In Kombination mit ihren jeweiligen Motiven bedeutet dies, dass ihr Streben nach Rentabilität und Ergebnissen und ihr Bedürfnis nach Erfolg verstärkt wird. Ihre Zielstrebigkeit wird durch ihre Einhaltung von Regel- und Wertesystemen beeinflusst.
- Ihr Gelb-Wert über 50 spricht für eine extravertierte und kontaktfreudige Komponente. In Kombination mit den jeweiligen Motiven bedeutet dies, dass ihr Streben nach Rentabilität auf kreative Weise verstärkt wird – das gilt auch für ihr Bedürfnis, beliebt und bekannt zu sein. Ihre tendenzielle Oberflächlichkeit wird durch für sie bedeutsame Regel- und Wertesysteme gemäßigt.
- Paula Paulsens Grün-Wert unter 50 spricht für eine impulsive Komponente ihres Verhaltens. In Kombination mit den jeweiligen Motiven bedeutet dies, dass sie nach Nutzen und Rentabilität sowie nach umfassender Selbstbestätigung strebt und auf ein übergeordnetes Regelsystem Wert legt.
- Ihr Blau-Wert unter 50 spricht für eine inspirierende Komponente. In Kombination mit ihren jeweiligen Motiven bedeutet dies, dass sie Regeln und Vorschriften eher locker nimmt und ihr Bedürfnis, sich durch Außergewöhnlichkeit von der Masse abzuheben, verstärkt wird. Zudem legt sie großen Wert auf ein allgemeingültiges Wertesystem.

Kurzinterview: Markus Baur, Handballtrainer, ehemaliger Handballnationalspieler und Weltmeister 2007

Warum und in welchen Bereichen haben Sie die AECdisc® Potenzialanalyse eingesetzt?

Baur: Als Profitrainer im Leistungssport ist es mir wichtig, den richtigen Draht zu meinen Spielern zu finden. Gerade im Handballsport, der immer schneller und dynamischer wird, muss ich im Training und im Spielbetrieb meine Spieler schnell auf die richtige Art und Weise erreichen. Meine Zielsetzung war, so viel wie möglich über die richtige Kommunikation und Ansprache für die einzelnen Spieler zu erfahren. Dazu kommt das Thema Motivation. Eine Handballsaison dauert sehr lange und ist mit einer sehr hohen Belastung für die Spieler verbunden. Es ist für mich von enormer Bedeutung zu wissen, was meine Spieler motiviert und welche Anreize ich setzen kann, um sie immer wieder zu Höchstleistungen zu bringen, auch wenn es mal weh tut.

Zu welchen Erfolgen hat der Einsatz der Potenzialanalyse geführt?

Baur: Zum einen wurde die individuellere Kommunikation und Ansprache der Spieler verbessert. Zweitens: Die Motivation der Spieler in schwierigen Situationen fiel uns einfacher. Und drittens: Das Verständnis im Team untereinander konnte optimiert werden.

Handlungsempfehlungen

- Empfehlung 1: Analysieren Sie Ihre Motivationsstruktur und malen Sie aussagekräftige Bilder zu den Motivwelten Ihrer Mitarbeitenden.
- Empfehlung 2: Prüfen Sie, was dies im Einzelnen für Ihre Selbstführung und Ihr Selbstmanagement sowie für Ihre Führungsarbeit bedeutet.

Literatur

Spranger, E. (1966). *Lebensformen. Psychologie und Ethik der Persönlichkeit.* Max Niemeyer.

12

Das perfekte Match: Wie Menschen beruflich noch erfolgreicher sein können

Darum geht es in diesem Kapitel

Im Fokus stehen zwei Anwendungsbereiche der Potenzialanalyse, die für die Unternehmen relevant sind: die Themen „Recruiting und Personalauswahl" sowie „Mitarbeiterführung". Die Ergebnisse der Potenzialanalyse bieten Hinweise, wie sich der „War for Talents" gewinnen lässt und Mitarbeitende so geführt werden sollten, dass sie eine Topperformance entwickeln. Ziel ist jeweils, zu einer guten Passung – einem Match – zu gelangen: zwischen Bewerbern und vakanter Stelle beziehungsweise zwischen der Führungsarbeit der Führungskräfte und den Mitarbeitenden.

12.1 Job-Benchmarking und Recruiting: Der richtige Job für den richtigen Mitarbeitenden

Dass eine Potenzialanalyse mit persönlichkeitsdiagnostischem Hintergrund geeignet ist, den Recruitingprozess zu unterstützen, klang bereits des Öfteren an. Ihre volle Wirkkraft entfalten die Ergebnisse der AECdisc® Potenzialanalyse im Rahmen der Personalauswahl an gleich zwei

D. Thiemann und R. Skazel, *Persönlichkeitsdiagnostik: Entdecke die Potenziale mit der AECdisc® Analyse*, https://doi.org/10.1007/978-3-658-43260-7_12

Stellen: im Benchmarking und bei der Ausgestaltung des Einstellungsprozesses (siehe dazu Skazel & Thiemann, 2023; Thiemann & Skazel, 2020, S. 76–83).

12.1.1 Im Recruiting den Lieblings-Mitarbeitenden finden

Starten wir mit dem Job-Benchmarking-Prozess: Im Mittelpunkt steht die Beschreibung der Kernaufgaben und Anforderungen einer Stelle – dies lässt sich für jede Position im Unternehmen bewerkstelligen. Ausgangsüberlegung ist, dass in jedem Beruf und bezüglich jeder Position bestimmte Fachkenntnisse, Verhaltensmuster, soziale Kompetenzen und Werte für eine Topperformance Voraussetzung sind. Die objektiven Angaben zu den Anforderungen einer Tätigkeit fließen in den Job-Benchmark-Prozess ein. Das Ergebnis dokumentiert die erfolgsrelevanten Kriterien der Stelle. Im Prinzip wird ein „Klassenbester" kreiert – darum sprechen wir von Benchmarking. Dieser Klassenbeste verfügt über diejenigen Fachkenntnisse, Verhaltensmuster, Kompetenzen und Werte, die ein idealtypischer Mitarbeitender haben sollte.

> Es handelt sich um Ihren Lieblings-Mitarbeitenden, wir könnten auch von einem Mitarbeitenden-Avatar sprechen.

Sobald die Beschreibung des Lieblings-Mitarbeitenden vorliegt, geht das Unternehmen gezielt auf die Suche nach den Personen, die dem Avatar möglichst nahekommen. Im Einstellungsprozess erfolgt der Abgleich zwischen dem idealtypischen Klassenbesten und den Personen, die sich um eine vakante Stelle beworben haben, mithilfe der Potenzialanalyse. So ist ein aussagekräftiger Abgleich zwischen dem Qualifikationsprofil eines Bewerbers und dem Anforderungsprofil einer Stelle gegeben. Die Prüfung, ob Bewerber und Position zueinander passen, führt in der Regel zu substanziellen Ergebnissen.

Nehmen wir an, laut Job-Benchmark wird ein Mitarbeitender mit exzellenten kommunikativen Fähigkeiten in Kombination mit hoher Zielorientierung und Überzeugungskraft gesucht. Das Bewerberprofil –

erstellt auf der Grundlage der Potenzialanalyse – verdeutlicht, dass der Kandidat durch andere Stärken glänzt: Er verfügt über eine profunde Analysefähigkeit und ist in der Lage, Prozesse effektiv zu planen und durchzuführen. Dies legt nahe, dass der Bewerber seine Stärken an diesem Arbeitsplatz nicht optimal einsetzen kann – das Unternehmen sucht einen Mitarbeitenden mit anderen Kompetenzen. Die Beteiligten sind gut beraten, keinen gemeinsamen Weg zu gehen.

Der Job-Benchmarking-Prozess bietet überdies die Option, potenzielle Bewerberinnen und Bewerber typgerecht anzusprechen. Konkreter Vorschlag: Nutzen Sie bei der Erstellung von Profilen und Stellenanzeigen die kompetenzbezogenen Anforderungsprofile, um einen zielgruppenspezifischen Text zu entwerfen, der auch emotionalisiert. Falls Sie jemanden suchen, der es versteht, Menschen – etwa Mitarbeitende und Kunden – zu inspirieren, sollten Sie eine andere Ansprache und ein anderes Wording verwenden als bei einem Kandidaten, der stark in der sachlichen Beratung oder ein erfolgreicher Beziehungsmanager sein soll. Im ersten Fall sollte der zielgruppenspezifische Text lebendig, anschaulich und inspirierend ausfallen, im zweiten eher sachlich, beschreibend und nüchtern.

12.1.2 Auswahlprozess mit eignungsdiagnostischer Potenzialanalyse optimieren

Ein Ziel des Einstellungsprozesses besteht darin, Menschen zu finden, die bezüglich ihrer Persönlichkeit und ihrer Kompetenzen zum Unternehmen, zu den Kunden, dem Produkt und den Kollegen passen. Dies ist auch für die Bewerber wichtig, denn diese wollen ihre Potenziale an einem Arbeitsplatz freisetzen, der mit ihrer Persönlichkeit, ihren Kompetenzen und Werten harmoniert. Das heißt:

> Persönlichkeitsorientierte Einstellungsprozesse dienen dazu, das Interesse derjenigen Menschen zu wecken, die zu Ihrem Unternehmen und zu Ihnen passen. Damit dieses Match gelingt, ist es erforderlich, die eignungsdiagnostische Analyse der Verhaltensweisen, Motivatoren und Kompetenzen eines Bewerbers in das Einstellungsprozedere zu integrieren.

So lassen sich Flops im Recruitingprozess verhindern. Denn viele Mitarbeitende werden aufgrund ihrer Fertigkeiten eingestellt, wegen ihrer Überzeugungen und Einstellungen aber auch rasch wieder entlassen, oft schon während der Probezeit und des Onboardings. Sie bringen zwar die notwendigen Kompetenzen und Fertigkeiten mit, passen jedoch aufgrund ihrer Persönlichkeit und Verhaltensweisen nicht ins Team, ins Unternehmen und zur vakanten Position. Weil bei der Potenzialanalyse gerade Persönlichkeitseigenschaften, Wertvorstellungen und Überzeugungen im Fokus stehen, gelingt es, frühzeitige Trennungen zu vermeiden.

Wir empfehlen, im Einstellungsprozess bestimmte Schritte zu beachten – der erste besteht in der Durchführung eines Workshops, in dem die Angaben zu jenem Lieblings-Mitarbeitenden erarbeitet werden. An dem Workshop nehmen mehrere Personen teil, die ein unternehmensinternes Kompetenzteam bilden. Zielführend ist die Teilnahme von Personen, die den vakanten Job ausgeübt haben oder ausüben, für den Bereich verantwortlich sind oder sonst direkt mit dem Job zu tun haben, die also wissen, wovon sie sprechen.

> Indem mehrere Personen beteiligt sind, die einen tiefen Einblick in die vakante Position und die dafür erforderlichen Verhaltensweisen und Kompetenzen haben, ist sichergestellt, dass ein Kandidat gefunden wird, der zu der Position passt, sich dort wohlfühlt und darum Bestleistungen erbringen kann.

Zudem werden in dem Workshop Fragen zu den Verhaltensweisen und zur Motivation eines Bewerbers formuliert, die im Einstellungsgespräch genutzt werden. Dazu ein Beispiel: Gesucht wird ein neuer Mitarbeiter, der (auch) ökonomisch motiviert ist. Im Workshop werden Fragen festgelegt, mit denen sich herausfinden lässt, ob es sich tatsächlich um einen ökonomisch motivierten Kandidaten handelt, zum Beispiel:

1. Wie wichtig ist es für Sie, viel Geld zu verdienen? Was ist für Sie „viel Geld"?
2. Wo möchten Sie finanziell in den nächsten fünf/zehn Jahren stehen? Weshalb wollen Sie dort stehen?
3. Welche Rolle spielt bei Ihrer Berufswahl ein hohes Gehalt?

Danach erfolgt die Ausschreibung der Stelle. Ein kompetenzorientierter Recruitingprozess orientiert sich am Faktor-Prinzip: Dabei erfolgt die Kombination vieler verschiedener Faktoren des Personalauswahlprozesses, um ein differenziertes Bild der Persönlichkeit und des Verhaltens eines Bewerbers zu erhalten.

Nach der Sichtung der Bewerbungsunterlagen und einem Vorabgespräch, das ein Telefoninterview umfassen sollte, erfolgt in einem nächsten Schritt die eignungsdiagnostische Analyse der Verhaltensweisen, Motivatoren und Kompetenzen. An dieser Stelle kommt AECdisc® zum Einsatz.

Nach der Einschätzung der fachlichen Kompetenz kommt es zu einem strukturierten, knapp 90-minütigen Vorstellungsgespräch. Es besteht aus einer Selbstpräsentation des Bewerbers und einer Darstellung des Unternehmens. Zudem wird mindestens 30 min lang eine jobspezifische Situation simuliert – bei einer Führungsposition kann dies die Simulation eines Mitarbeitergesprächs sein, im PR-Bereich die Erstellung einer Kurzpräsentation. Ein 20-min Karrieregespräch und die Klärung allgemeiner Fragen, etwa zum Gehalt, runden den Recruitingprozess nach dem Faktor-Prinzip ab.

Der Prozess gelingt am besten, wenn die Führungskraft, die die Gespräche führt, über ausgeprägte Kommunikationsfähigkeiten und eine hohe Fragekompetenz verfügt. Wer in Erfahrung bringen will, welche Motivationsstruktur ein Bewerber hat und welche Werte, Prinzipien und ethische Normen ihn leiten, sollte in der Lage sein, die richtigen Fragen zu stellen.

Idealtypischer Ablauf eines kompetenzbasierten Einstellungsprozesses

- Workshop: Erarbeitung des Anforderungsprofils (notwendige Soll-Kompetenzen) mit Angaben zum Lieblings-Mitarbeitenden
- Sichtung der Bewerbungsunterlagen
- Vorabgespräch mit Telefoninterview
- Eignungsdiagnostische Analyse der Verhaltensweisen, der Motivatoren und der persönlichen Kompetenzen (Potenzialanalyse)
- Einschätzung der fachlichen Kompetenz

- Erarbeitung eines Qualifikationsprofils mit vorhandenen Ist-Kompetenzen
- Abgleich der Soll-Kompetenzen (Anforderungsprofil) und Ist-Kompetenzen (Qualifikationsprofil)
- 90 min Vorstellungsgespräch, eventuell mit Mini-Assessment
  - 10 min Selbstpräsentation des Bewerbers, inkl. Kurzpräsentation des Unternehmens
  - 20 min Untersuchung kritischer Punkte
  - 30 Praxis-Minuten: etwa Simulation eines Mitarbeitergesprächs
  - 20 min Karrieregespräch
  - 10 min zu allgemeinen Themen (Wohlfühlfaktoren, Rahmenbedingungen)

So gelingt es, ein detailliertes Bild der Persönlichkeit und des Verhaltens eines Bewerbers zu malen und Aspekte zu beachten, die beim klassischen Einstellungsprozedere oft unerkannt bleiben.

12.2 Mitarbeiterführung mithilfe von Potenzialanalysen verbessern

Durch die Ergebnisse der AECdisc® Potenzialanalyse hat bereits Paula Paulsens Führungskraft substanzielle Hinweise für die Führungsarbeit erhalten. Ähnliches gilt für alle anderen Mitarbeitenden:

Wer als Führungskraft auf die Analysen zur Persönlichkeit und zu den Potenzialen aller Mitarbeitenden zurückgreifen kann, verfügt über eine Grundlage zu einer konsequent mitarbeitertyporientierten Führung.

Nun können Sie die verschiedenen Führungsinstrumente und Führungswerkzeuge dem jeweiligen Mitarbeitertypus anpassen: Während Sie beim roten Mitarbeitenden dessen Zielstrebigkeit, Ergebnisorientierung und Schnelligkeit loben, können Sie beim gelben Typus dessen Charme, Herzlichkeit und Begeisterungsfähigkeit hervorheben. Der grüne Mitarbeitende freut sich darüber, wenn Sie seine Beständigkeit und Beharrlichkeit, mit der er Kunden zu überzeugen versucht, anerkennen. Beim blauen Kollegen schließlich ist es zielführend, für seine sachliche, gründliche und methodische Arbeitsweise lobende Worte zu finden.

Beachten Sie dabei, nicht einfach nur ein allgemeines Lob auszusprechen. Die Kunst des Lobens besteht darin, eine konkrete Begründung mitzuliefern und ins punktgenaue Detail zu gehen. Bringen Sie ausführlich zur Sprache, was der Mitarbeitende besonders gut gemacht hat, heben Sie hervor, warum Ihnen seine außerordentliche Leistung aufgefallen ist, und geben Sie ihm Gelegenheit darzulegen, wie er es geschafft hat, das schwierige Beschwerdegespräch mit dem erbost-aggressiven Kunden doch noch zu einem guten Ende zu führen.

12.2.1 Unterschiedliche Mitarbeitende unterschiedlich führen

Mithilfe der Potenzialanalyse können Führungskräfte ihre Arbeit auf die verschiedenen Farb- und Haupttypen abstimmen – die folgenden Beispiele heben auf die Farbtypen ab.

Sie kennen einige der Stärken und Schwächen des roten Mitarbeitenden aus Paula Paulsens Potenzialanalyse: Eine unternehmerische Denkweise, Ziel- und Ergebnisorientierung sowie Entscheidungsfreude machen ihn zu einem guten Mitarbeitenden, der allerdings darauf achten muss, dass er mit seiner dominanten Zielstrebigkeit nicht aneckt. Die Problematik, dass er nicht gut zuhören und andere Menschen selten ausreden lassen kann, sollten Sie mit ihm besprechen. Der Schlüssel zu seiner Motivation liegt darin, ihm eine führende Rolle zu übertragen und einen großen Tätigkeitsspielraum zu eröffnen. Stellen Sie ihm anspruchsvolle Aufgaben und übertragen Sie ihm Projekte, bei denen er eigeninitiativ Entscheidungen treffen kann. Bieten Sie ihm Gelegenheiten, sich ständig weiterzuentwickeln. Übertragen Sie ihm Verantwortung, schaffen Sie ein herausforderndes und vielseitiges Umfeld ohne Routinen und ohne Vorgaben.

Kommen wir zum gelben Mitarbeitenden: Er ist kontaktfreudig und redegewandt und liebt es, spontan und optimistisch mit Menschen umzugehen – darum ist er der ideale Teamplayer. Nutzen Sie seine Kompetenzen, um mit seiner Unterstützung für ein sonniges Betriebsklima zu sorgen. Er kann seine Talente zur Geltung bringen, wenn Sie für ihn ein Umfeld schaffen, in dem er seine Kontaktfreude ausleben und abwechslungsreiche Aufgaben mit wenig Detailarbeit im Team erledigen kann. Aber lassen Sie nicht diejenigen Bereiche außer Acht, die bei ihm durchaus verbesserungswürdig sind. Dazu zählen sein miserables Zeitmanagement und seine Spontaneität, die bei zu übertriebener Ausgestaltung befremdlich auf Kunden und Kollegen wirken kann. Auch seine allzu große Vertrauensseligkeit und sein nicht immer gerechtfertigter Optimismus wirken zuweilen störend.

Bauen Sie eine gute Beziehung zu ihm auf, sorgen Sie für ein angenehmes Arbeitsklima mit Vergnügungsmöglichkeiten, schaffen Sie Arbeitsbedingungen, durch die er viel kommunizieren kann, und übertragen Sie ihm spannende Projekte.

Worauf sollten Sie bei der Führung des grünen Mitarbeitenden achten? Dieser hat Probleme mit der Einhaltung von Terminen und der Erledigung unliebsamer Aufgaben. Kritik fasst er zuweilen als persönliche Beleidigung auf – all dies sind Bereiche, in denen Sie mithilfe Ihrer Führungsarbeit Verbesserungen anstreben sollten. Zugleich ist er aufgrund seiner Aufmerksamkeit und Beständigkeit ein zuverlässiger Teamplayer, der seine Aufgaben geduldig verfolgt. Er besticht oft durch seine loyale Haltung, Sie sollten seine Loyalität belohnen, indem Sie ihm viele Routineaufgaben übertragen, Sicherheit geben und für stabile Prozesse und Arbeitsabläufe sorgen: Stabilität ist äußerst wichtig für ihn. Schaffen Sie eine freundschaftliche Arbeitsatmosphäre, geben Sie ihm Aufgaben, für die Methodik und Ausdauer erforderlich sind, und besprechen Sie mit diesem risikoscheuen Mitarbeitenden vor einer Veränderung genau, was das für ihn bedeutet.

Bleibt der blaue Mitarbeitende: Achten Sie darauf, seinen Expertenstatus in den Vordergrund zu stellen, lassen Sie ihn in seinem Fachgebiet glänzen. Sein analytischer und gewissenhafter Blick fürs Detail steht ihm allerdings zuweilen im Weg. Darum: Reden Sie mit ihm darüber, ob es notwendig ist, stets jeden Standpunkt, der ihm nicht plausibel erscheint, ausdiskutieren zu müssen. Sein Pessimismus, seine Entscheidungsschwäche und sein Misstrauen wirken manchmal hemmend, sodass diese Eigenschaften abgeschwächt werden sollten.

Hilfreich ist es, wenn er in einer strukturierten Umgebung fachspezifische Aufgaben angehen kann und Sie es ihm ermöglichen, die hohen Qualitätsstandards, die er an sich selbst stellt, einzuhalten. Geben Sie ihm ausreichend Zeit, damit er seine Aufgaben seinen hohen Qualitätsanforderungen gemäß erledigen kann. Geben Sie ihm Vorgaben, Fristen und standardisierte Vorgehensweisen als Orientierung vor und verschonen Sie ihn mit neuen Verfahren und Prozessänderungen. Anerkennen Sie seine konstant qualitativ hochwertigen Arbeitsergebnisse.

12.2.2 Mit Potenzialanalysen Teams zusammenstellen

Ein weiteres Einsatzgebiet für die Ergebnisse der Potenzialanalyse ist die Teamzusammenstellung: Stellen Sie sich für einen Moment vor, Sie hätten in Ihrem Team nur Mitglieder sitzen, die Buchhaltertypen oder Controller sind, die zwar ihre Zahlen im Griff haben, aber kurz vor der kreativen Brainstormingsitzung Reißaus nehmen oder dort durch konzentriertes Schweigen glänzen. Oder nur innovative Visionäre, die vor lauter Inspiration nicht in die Umsetzung gelangen. Oder nur dominante Testosteron-getriebene Machertypen, die sich nicht die Zeit nehmen wollen, zu reflektieren, das Erreichte zu durchdenken und die Notwendigkeit von Veränderungsprozessen zu prüfen.

Genug der Beispiele, Sie wissen, worauf wir hinauswollen: Sie brauchen Teams mit unterschiedlichen Typen und Charakteren, um der Heterogenität, Komplexität und Ambivalenz der heutigen unternehmerischen Realität begegnen zu können. Die typorientierte Zusammenstellung von Teams gewinnt an Bedeutung. Entscheidend ist die bunte Vielfalt der Mitglieder, und dazu sind Teams mit möglichst unterschiedlichen Charakteren, Mentalitäten und Persönlichkeitsstrukturen notwendig.

Die optimale Teamzusammenstellung entscheidet über den Erfolg. Ein Team arbeitet meistens dann besonders effizient, wenn alle Mitglieder Aufgaben wahrnehmen können, die ihren Neigungen und Stärken entsprechen, es also eine Passung, ein Match gibt zwischen Aufgaben und Eignung der Teammitglieder.

Wie sich Ihr Team konkret zusammensetzt, ist abhängig von den Rahmenbedingungen: Branche, Zielgruppe, Aufgabenstellung. Immer aber gilt:

Die Ergebnisse der Potenzialanalysen der Teammitglieder geben Ihnen Aufschluss darüber, ob sich das Team aus Menschen zusammensetzt, deren Persönlichkeiten, Verhaltensweisen und Kompetenzen sich harmonisch ergänzen.

Handlungsempfehlungen

- Empfehlung 1: Nutzen Sie die Potenzialanalyse zur kompetenzbasierten Personalsuche und Personalauswahl, um die Mitarbeitenden zu finden und für einen vakanten Job zu begeistern, die das Unternehmen braucht, um seine Ziele zu erreichen.
- Empfehlung 2: Analysieren Sie im Einstellungsgespräch die Passgenauigkeit zwischen Bewerber und vakanter Stelle. Integrieren Sie dazu in den Einstellungsprozess jobbasierte Interviews, eignungsdiagnostische Analysen und Mini-Assessments.
- Empfehlung 3: Setzen Sie die Potenzialanalysen ein, um Mitarbeitende typgerecht zu führen und Teams optimal zusammenzustellen.

Literatur

Skazel, R., & Thiemann, D. (2023). *Recruiting im Vertrieb. Strategische und zukunftsorientierte Personalauswahl mit Weitblick.* BoD.

Thiemann, D., & Skazel, R. (2020). *Zukunftskompetenz Vertrieb. So entwickeln Sie Ihr Unternehmen zur Top Sales Company.* Springer Gabler.

Schlusswort von Dr. Rupert Beinhauer

Uns – den Autoren dieses Buches – ist sehr daran gelegen, dass Sie sicher sein können, mithilfe von AECdisc® Ihre Potenziale und die Ihrer Mitarbeitenden zuverlässig zu erkennen, freizusetzen und zu entwickeln. Darum wollen wir zum Abschluss dieses Buches mit Dr. Rupert Beinhauer von der Fachhochschule in Graz, FH JOHANNEUM, einen ausgewiesenen Diagnostikexperten zu Wort kommen lassen, der 2020 im Validierungshandbuch (S. 38–39) zu AECdisc® einen Vergleich der Tools AECdisc® und NEO-FFI (BIG 5 Modell) angestellt hat:

„AECdisc® liefert, in der vorliegenden Studie, Ergebnisse, die in ihrer Struktur den theoretischen Vorgaben weitgehend entsprechen. Die Korrelationen mit dem NEO-FFI weisen durchgehend gut interpretierbare Werte auf. Die vorliegende Stichprobe lässt in ihrem Umfang (n = 301) keine vollwertige Normierung oder Validierung zu, liefert aber im vorliegenden Rahmen zufriedenstellende Resultate.

Das AECdisc® Rad eignet sich gut zur Abbildung der Ergebnisse. Die vorliegende Analyse legt nahe, dass die Abbildung in dieser Form gut geeignet ist, um die Messwerte insbesondere im Vergleich zu anderen Personen in Relation zu setzen. Die verwendeten Balkendiagramme erlauben es sehr rasch zu erfassen, welchem Typus eine Person

D. Thiemann und R. Skazel, *Persönlichkeitsdiagnostik: Entdecke die Potenziale mit der AECdisc® Analyse*, https://doi.org/10.1007/978-3-658-43260-7

zugeschrieben wird und wie klar dieser Typus ausgeprägt ist. Sie eignen sich also gut für einen raschen Vergleich.

Die Textausgabe erfolgt nach einer Typologie und weist entsprechende Vor- und Nachteile auf. Die Typologien bauen auf dem Verhältnis der vorgefundenen Dimensionswerte auf und ermöglichen es, insbesondere auch Personen, die keine vertiefende Ausbildung in Psychologie oder benachbarten Feldern aufweisen, die Ergebnisse auf einfache Art zu verstehen und zu interpretieren. Die Aussagen, die hierbei getroffen werden, sollten aber wie Hypothesen gehandhabt werden: Sie müssen noch im Gespräch auf ihre Richtigkeit überprüft werden. Sie eignen sich zur Vorbereitung von Gesprächen und zur Kommunikationsanregung, können aber nicht ohne weitere Überprüfung als gültig angenommen werden.

AECdisc® sollte nicht als alleiniges Entscheidungskriterium, beispielsweise für die Personalselektion, herangezogen werden. Im Rahmen von Recruitingprozessen stellt die AECdisc® Analyse aber eine hilfreiche Ergänzung dar, die neben den üblichen Informationsquellen unterstützend einen neutralen und differenzierten Blick auf die Bewerber ermöglicht. AECdisc® kann Experten und Expertinnen in ihrer Arbeit unterstützen, diese jedoch nicht ersetzen.

Durch die einfache Handhabung und die automatisierte Interpretation und detaillierte Rückmeldung bietet das System für Praktiker, die schnelle, einfach verarbeitbare Informationen suchen, klare Vorteile. Für in die Tiefe gehende wissenschaftliche Untersuchungen eignet sich AECdisc® nur bedingt, ist dafür aber auch nicht ausgelegt. Hier bieten sich normierte und durch zahlreiche unabhängige Studien validierte Verfahren, wie zum Beispiel der NEO-FFI, eher an."

Dr. Rupert Beinhauer

Literatur

Validierungshandbuch. (2020). *AECdisc® Validierungshandbuch*. Verfasst und herausgegeben vom Deutschen Institut für Vertriebskompetenz GmbH & Co. KG.

Stichwortverzeichnis

© Der/die Herausgeber bzw. der/die Autor(en), exklusiv lizenziert an Springer
Fachmedien Wiesbaden GmbH, ein Teil von Springer Nature 2024
D. Thiemann und R. Skazel, *Persönlichkeitsdiagnostik: Entdecke die Potenziale mit der
AECdisc® Analyse*, https://doi.org/10.1007/978-3-658-43260-7

GPSR Compliance

The European Union's (EU) General Product Safety Regulation (GPSR) is a set of rules that requires consumer products to be safe and our obligations to ensure this.

If you have any concerns about our products, you can contact us on ProductSafety@springernature.com

In case Publisher is established outside the EU, the EU authorized representative is:

Springer Nature Customer Service Center GmbH
Europaplatz 3
69115 Heidelberg, Germany

The manufacturer's authorised representative in the EU is Springer
Nature Customer Service Centre GmbH, Europaplatz 3, 69115 Heidelberg,
Germany. If you have any concerns regarding our products, please
contact ProductSafety@springernature.com

Printed and bound by CPI Group (UK) Ltd, Croydon, CR0 4YY
28/04/2026
02098540-0004